地势坤，君子以厚德载物。

知道点世界名人

汪淼 著

中国友谊出版公司

图书在版编目（CIP）数据

知道点世界名人 / 汪淼著. -- 北京 : 中国友谊出版公司, 2021.6
ISBN 978-7-5057-5244-3

Ⅰ. ①知… Ⅱ. ①汪… Ⅲ. ①名人－生平事迹－世界－通俗读物 Ⅳ. ①K811-49

中国版本图书馆CIP数据核字（2021）第106056号

书名 知道点世界名人
作者 汪 淼
出版 中国友谊出版公司
发行 中国友谊出版公司
经销 新华书店
印刷 北京盛通印刷股份有限公司
规格 880×1230毫米 32开
9印张 209千字
版次 2021年8月第1版
印次 2021年8月第1次印刷
书号 ISBN 978-7-5057-5244-3
定价 45.00元
地址 北京市朝阳区西坝河南里17号楼
邮编 100028
电话 （010）64678009

如发现图书质量问题，可联系调换。质量投诉电话：010-82069336

序

余秋雨

这套“知道点”丛书，邀我写序。我对丛书的名称有点好奇，一问，明白了他们的意思，就决定写了。

原来，这套丛书里每一本的标题，都以“知道点”开头，如《知道点中国历史》《知道点中国文化》《知道点世界文化》……落脚点都显得宏大，而着眼点却很谦虚，显出青年作者的俏皮。中外文化是万仞群峰，我们不应该畏其高峻而仓皇躲开，更不应该看了两眼就自以为已经了如指掌。我们所能做的是，恭敬地在山脚下仰视，勤快地在山道口打听，简单说来，也就是：知道点。

首先，不知道是可惜的。区区五尺之躯，不以文化群峰作为背景，只是一种无觉无明、平庸卑琐的生理存在。人凭文化与外界进行不同层次的沟通，并通过文化证明自己是谁，对此，即使文化程度不高的人也有一种荣辱感。记得有一次中央电视台举办全国直播的青年艺术人才大奖赛，比赛中有一项文史知识测试。结果出乎意料，几亿观众对这一部分的关注远远超过比赛的主体项目，全国各省观众对于自己省派出的选手在艺术技能上的落败并不在乎，却无法容忍他们居然答不出那些文史知识的试题。由此可知，直到今天，很多人还是习惯于在文化上寻求自身尊严和群体尊严的，这很不错。

但是，紧接下来的问题是，又必须提防人们对于文史知识的沉溺。沉溺，看似深入，实则是一种以文化名义制造的灭顶之灾。中国从明清之后一直有一批名人以引诱别人沉溺来谋生，很不道德。因此，必须在文化的群峰间标画一些简明的线路，在历史的大海中铺设一些浮标的缆索，使人们既领略山水之胜又不至于沉溺。这种做法用一种通俗用语来表述，就是不必知道得太多、太杂、太碎、太滥，只需“知道点”。

“知道点”，不是降低标准，而是提高标准。这就像线路的设定者一定比一般的逛山者更懂得山，缆索铺设者也一定比一般的游水者更熟识海。不仅更懂、更熟识，而且也更有人道精神，更有文化责任。

正是在这个意义上，我觉得这套“知道点”丛书是一项有价值的事业。新世纪的公民不可能全然舍弃人类以前创造的文化历史背景，却又不能让以前的创造来阻断今天的创造，因此应该有更多的山路划定者和缆索铺设者。只有这样，壮丽的历史文化才能真正成为新世纪的财产。

目录

第一辑　政治巨子

002　宇宙之王——居鲁士

006　波斯之王——大流士一世

010　佛教君主——阿育王

013　欧洲之父——查理大帝

016　童贞女王——伊丽莎白一世

020　无冕之王——克伦威尔

024　俄国之父——彼得大帝

028　美国之父——华盛顿

032　美国的解放者——林肯

036　铁血首相——俾斯麦

040　印度圣雄——甘地

045　革命导师——列宁

049　英吉利的救星——丘吉尔

053　钢铁之人——斯大林

056　轮椅上的巨人——罗斯福

059 自由法国斗士——戴高乐

第二辑 军事风流

062 两面神——亚历山大
066 战略之父——汉尼拔
070 罗马帝国奠基者——恺撒
074 “法国人的皇帝”——拿破仑
079 沙漠之狐——隆美尔
083 沙漠之鼠——蒙哥马利
087 一代老兵——麦克阿瑟
090 铁胆将军——巴顿
093 军人政治家——艾森豪威尔

第三辑 思想圣哲

098 哲学之王——柏拉图
103 古代的黑格尔——亚里士多德
106 近代政治学之父——马基雅维利
111 思想的巨人——培根
115 近代哲学之父——笛卡尔
119 启蒙运动的领袖——伏尔泰
123 孤独的思想者——卢梭

127 古典哲学的集大成者——黑格尔
131 伟大导师——卡尔·马克思
135 悲观哲学家——叔本华
139 诗人哲学家——尼采

第四辑 文学大师

144 承前启后的伟大诗人——但丁
148 西班牙大侠——塞万提斯
152 戏剧天才——莎士比亚
157 浪漫诗神——歌德
161 俄国文学的始祖——普希金
165 讽刺大师——果戈理
169 俄国文学泰斗——托尔斯泰
173 喜剧大师——莫里哀
177 法兰西诗神——雨果
182 现代法国小说之父——巴尔扎克
186 童话大王——安徒生
190 现代戏剧之父——易卜生
194 印度诗圣——泰戈尔
198 世纪文学之父——卡夫卡
202 幽默大师——马克·吐温

第五辑　艺术巨擘

208　西方近代音乐之父——巴赫
211　音乐神童——莫扎特
215　音乐之圣——贝多芬
219　钢琴诗人——肖邦
223　钢琴大王——李斯特
226　艺术巨匠——达·芬奇
229　雕塑大师——米开朗琪罗
232　荷兰之子——伦勃朗
236　雕塑界的“但丁”——罗丹
240　印象派大师——莫奈
244　狂人画家——梵高
248　绘画宗师——毕加索

第六辑　科学巨匠

252　撬起地球的人——阿基米德
255　推动地球旋转的人——哥白尼
258　近代科学之父——牛顿
262　蒸汽机的发明者——瓦特
266　进化论的创立者——达尔文
269　炸药大王——诺贝尔
273　发明大王——爱迪生
277　宇宙开拓者——爱因斯坦

第一辑

政治巨子

宇宙之王——居鲁士

居鲁士是古波斯帝国最伟大的皇帝，创造了一个强大、辉煌的波斯帝国。人类历史上出现过众多杰出的皇帝，但称得上大帝的屈指可数，居鲁士大帝便是其一。

伊朗高原西南部是古代波斯人生活的家园，他们建立了一个叫米堤亚（又译米底）的国家。居鲁士的早年生活，我们了解得并不太多，只知道他大约出生于公元前603年。米堤亚国王残暴地统治着波斯人，居鲁士所在的部落也遭受磨难，于是，在继承父亲诸侯之位后，他带领波斯人推翻了国王的统治。

据说，居鲁士是米堤亚国王阿斯堤阿格斯的外孙。他出生前，国王做了一个梦，说自己的外孙会造反。国王信以为真，非常忌惮这个孩子，想要谋害他。因此，居鲁士一出生就被国王下令杀掉，不过，被迫执行命令的官吏不忍心杀害无辜的婴儿，把他交托给一对牧羊人夫妻抚养。牧羊人夫妻把这孩子当作亲生的一样，抚养他长大成人。结果，国王的梦果真应验了——居鲁士推翻了自己，成为统治那片土地的王。

居鲁士称王之后，沿用了原来的法律、制度和措施，因此波斯人和米堤亚人有着血缘、语言、风俗以及政治、制度等联系。居鲁士是一位有野心的国王，他积极征服周边国家，扩张领土。小亚细亚地区有一个吕底亚帝国，国王克里萨斯是一个大富翁，拥有不计其数的金钱。公元前546年，居鲁士征服吕底亚帝国，把大笔财富以及这片富饶的土地据为己有。随后，经过一番征战，他占领整个东部伊朗，扩大了帝国的版图。

公元前540年，居鲁士已经把波斯帝国扩张到印度河畔和中亚日色尔河畔。紧接着，巴比伦帝国成为居鲁士的目标，众所周知，古巴比伦位于美索不达米亚平原，曾经是两河流域最繁盛的王国，创造了无比繁荣的文化、经济，拥有强大的军事力量。虽然现在巴比伦已经辉煌不再，但依旧影响深远。当时的巴比伦国王残暴横行、不得人心，居鲁士趁机发动进攻，很快就占领巴比伦以及最富饶的两河流域。同时，他还把被巴比伦统治的叙利亚和巴勒斯坦也收入囊中。

占领广大区域的领土之后，居鲁士开始巩固自己的统治。在之后的几年内，他停止军事战争，专心构建自己的帝国，使得波斯帝国无论在政治、军事还是经济方面都实现了繁荣。

之后，居鲁士继续扩张，开始征服生活在里海东岸的马萨格泰人。因为他们是一些落后的游牧民族，居鲁士根本没把他们放在眼里。事实上，居鲁士的征战开始时很顺利，获得了一次小规模的胜利。可之后，他就遇到了人生最大的失败，并且丢掉了自己的生命。

◀ 居鲁士画像

▲ 居鲁士之墓

公元前529年，居鲁士战死，连尸首也落在马萨格泰人手中。之后，居鲁士的儿子冈比西斯二世继承王位，征服了马萨格泰人，夺回了居鲁士的尸首，为父亲报了仇。后来，他又征服埃及，统一了整个中东地区。虽然居鲁士没有完成最后的征服，但不可否认，他才是公认的波斯帝国的缔造者。

居鲁士是一位军事天才，杀敌所向披靡，战无不胜。但是，他之所以被称为大帝并不仅是出于这个原因，还因为他的宽容、仁慈。虽然他的外祖父米堤亚国王曾经想要陷害他，但是他推翻国王的统治后，并没有加害于他，反而让他颐养天年。他尊重和爱戴米堤亚国王，并且虚心听从建议。

古巴比伦城是一座历史悠久的城市，占领这里之后，居鲁士严肃军纪，不允许士兵肆意杀戮和破坏，尊重巴比伦人的风俗习惯、宗教信仰，保护了古巴比伦文明。巴比伦国王四处征战，掳来各民族的奴隶，肆意迫害他们。居鲁士释放了这些奴隶，让士兵护送他们回家，并且帮助他们重建家园。居鲁士释放了“巴比伦之囚”——以色列先民，他们被尼布甲尼撒二世所俘虏。在居鲁士的帮助下，他们回到富饶而美丽的耶路撒冷，重建了耶和华圣殿并振兴犹太教。居鲁士还把被掠夺的大量神器归还给他们，这一伟大壮举被载入《圣经》，对犹太教改革产生了巨大影响。

那个时代，征服就意味着烧杀和掠夺，意味着被征服者沦为奴隶，失去财物、自由、妻子甚至生命。居鲁士大帝是当时最宽容、最受尊重的国王，对被征服地和当地居民采取了最为宽仁的政策。拿破仑说过：“盛名无非是盛大的喧嚣而已，喧嚣越大传得越远。什么都会消失，只有喧嚣声继续存在，并在后辈儿孙中传扬。”居鲁士没有喧嚣，而是用宽容和胸怀赢得盛名。希腊人长期与波斯帝国为敌，但是他们非常敬佩居鲁士，认为他是最令人敬佩的君主。

在世界历史进程中，波斯帝国具有非常大的影响，仅次于罗马帝国、大英帝国和中国。居鲁士大帝不仅征服了很多土地、城池、臣民，还改变了历史的进程。更重要的是，他改变了古代世界的政治体系。

居鲁士的功绩是伟大的，以至于他死后波斯帝国还在继续扩张。被亚历山大大帝征服前，波斯帝国一直是中东最强大、繁荣的帝国。虽然它疆域广阔，有着很多民族和诸侯国，但始终保持着统一和太平，百姓安居乐业，国家繁荣昌盛。

当时，没人能想到一个默默无闻的部落会成为东方世界的霸主，一个小国的国王能成为赫赫有名的大帝。即便今天我们回顾历史，波斯帝国的崛起依旧令人震惊。正因为如此，才凸显出居鲁士的伟大，他真正改变了历史的进程。

波斯之王——大流士一世

一位英国考古学家发现一幅巨大的浮雕，它处于伊朗高原西部北西斯顿地区一处悬崖峭壁上。浮雕上雕刻着一位威严的国王，他脚下踩着一个人，身边还有很多奴隶；左手按弓，右手指向天空。浮雕下方还有一些古代铭文，用三种不同的楔形文字镌刻而成。后来铭文被人们解读出来，原来这位国王是古波斯帝王大流士一世，而铭文则记录着他的一些事迹。

大流士是古波斯帝国一位伟大的王，自称“万王之王，万国之王”，后人则尊称他为“铁血大帝”。冈比西斯二世的残暴和征战给波斯带来巨大灾难，国内陷入混乱，百姓怨声载道。此时，一位篡权者趁机利用宗教迷惑百姓，想要夺取政权。大流士凭借杰出的才能，很快就消除了种种不良后果，使波斯帝国得以稳定和统一。他一生征战不断，经过大小1000多次战争，几乎战无不胜，建立起一个空前强大繁盛的帝国。可以说，他是继居鲁士大帝之后波斯帝国最伟大的王。

为了巩固统治，他进行了一系列政治、军事改革：实行包税制，规定所有税收必须上缴宫廷；强化中央集权，在全国设立行省、任命总督；掌握军权，自任最高统帅，统一管辖各军区；实行军政分权，军事长官不受行政总督管理和支配；设置军队编制，把军队编成万人团、千人团、百人团、十人队四级；重用波斯人，波斯贵族担任高级军官，军队核心均为波斯人；组建精锐的近卫军，最高长官由波斯贵族担任；建立海军，扩建海军舰队，拥有1000余艘军舰；重视修筑“御道”，设置驿站、驿马。

经过军事改革之后，波斯军队所向无敌、战无不胜。陆军装备精良，能够配合骑兵交替作战。波斯的工匠非常出色，制造出最为精巧的武器，大大地提升了波斯军队的战斗力。大流士还发布一系列经济改革的措施和法令，波斯帝国经济得到快速发展，为建立强大繁盛的帝国奠定了坚实的基础。同时，米堤亚、埃及、巴比伦和亚述等地发生不同程度的叛乱，大流士成功地镇压了这些地区的叛乱。

之后，大流士继续向西扩张，先后占领色雷斯、赫勒斯滂（今天的达达尼尔海峡）。如此一来，大流士成为历史上第一位向欧洲扩张的东方君主，使得波斯帝国疆域西至埃及，东到印度，南达波斯湾和阿拉伯半岛，北到里海及黑海一带。

大流士有非常大的野心——征服希腊。当时米利都人发起反对波斯人的起义，雅典和埃雷特里亚纷纷表示支持。公元前492年，大流士以此为借口，派马多厄乌斯水路率大军数万、战船数千远征希腊。结果，波斯海军出师不利，在阿索斯海角遇到大风暴，导致300多艘战船倾覆，2万余人葬身海底。同时，陆军也遭到色雷斯人的阻击，接连溃败。大流士只好暂时退兵，放弃攻击希腊的计划。

公元前490年，大流士再次派大将达提斯和阿塔非尼斯出征，率领2万余海军征服希腊。这一次大流士做好万全准备，很快横渡爱琴海，占领埃雷特里亚城。之后，波斯军队在马拉松平原登陆，这里距离雅典城仅40千米，给雅典带来巨大的威胁。双方展开激烈战斗，力量对比悬殊。波斯有2万大军，装备精良，而雅典只有1万步兵，

▲ 大流士及其继任者的陵墓

以及布拉底的1000人援军。但是希腊人奋起抗争，实现了以少胜多的壮举。这就是著名的马拉松战役，激起了希腊人的必胜信心，最后使得波斯无功而返。

随后，波斯和希腊都积极扩军备战，以迎接接下来的战争。可是，大流士征服希腊的计划还未完成，埃及就爆发大规模起义。他把精力放在平定起义上，结果还未完成便死去。大流士把镇压埃及起义和征服希腊的计划交给了儿子薛西斯。薛西斯下令在圣山半岛底部开挖运河，在今天的达达尼尔海峡架设浮桥，同时积极征集兵员、准备粮草。可是，薛西斯也没能征服希腊。

薛西斯一世死后，大流士三世继续征服希腊，却被亚历山大大败。公元前331年，在阿尔培拉附近的高加梅拉，大流士三世遭遇东征的亚历山大大帝，以惨败告终。自此，古波斯帝国宣告灭亡。大流士三世虽然侥幸逃脱，最后也没有摆脱被杀死的命运。

▲ 波斯帝国遗址

大流士一世是一位伟大的国王，也是一位伟大的改革者。他具有卓越的政治见解、超凡的军事才干，并继承了居鲁士的开明。他将古代东方的几个文明古国连在一起，并且通过一系列改革和开明的民族政策维护了帝国的统一。虽然他通过军事征服了这些国家，但也保护了这些古国的文明。可以说，他是古代贤明帝王的典范。

佛教君主——阿育王

阿育王是孔雀王朝最伟大的王，也是印度历史上最著名的王。孔雀王朝创始人是旃陀罗笈多，是一位出色的军事领袖，征服了印度北方的大部分地区。孔雀王朝是印度历史上第一个统一的帝国，而阿育王是该王朝的第三位君主。

阿育王的一生分为两个阶段，前期被称为“黑阿育王”，是一个残暴专政、不受人爱戴的君主。他实行苛政、重用酷吏，使得印度百姓苦不堪言，印度变成“人间地狱”。他积极扩张军队，大肆扩张领土，企图用武力征服整个印度。公元前261年，他征服了印度东海岸上的羯陵伽国，15万人被俘虏，10万人被杀，伤者更甚。

虽然阿育王胜利了，但面对10万人丧命，他意识到战争给人们带来的灾难，以及死亡给人们带来的恐惧。不久，在佛教高僧优波毯多的感召下，他开始忏悔和反省，决定停止武力扩张，不再发动战争。他还发布一个敕令，忏悔自己对羯陵伽国发动的战争。之后他皈依佛门，成为一名虔诚的佛教徒。而这一时期他被称为“白阿育王”。

阿育王大力宣扬佛教，以及佛教的一些主张，包括待人诚实、仁慈、施仁政等。他向全印度人宣布，印度将不存在暴力统治和侵略，取而代之的是法治、佛法。阿育王还宣布佛教是印度的国教，并且在全国范围内召集大量佛教高僧，整理编纂佛教经典。他积极地在各地修建寺院和佛塔，直到今天，印度还矗立着许多阿育王时期的寺院和佛塔。

更重要的是，阿育王采取了很多宽仁开明的措施：废除粗暴的法律，对百姓宽容；建立医院和政治保护区，为百姓服务；实行宽仁的宗教政策，允许所有宗教进入印度；聘用佛教人士，向人们宣扬佛教文化。同时，阿育王还积极发展经济，兴修水利、公路。之后，阿育王还派高僧到周边国家宣扬佛法，其中锡兰（今天的斯里兰卡）受其影响最大。

公元前249年左右，阿育王在国师的带领下拜佛教四大圣地之一、佛陀诞生地——蓝毗尼园，并且在兰毗尼园的石柱上留下铭刻。他建造了鸡园寺，每天在这里供养大量沙门——不仅包括佛教沙门，还包括各个宗教的沙门。据说，阿育王曾经建造8.4万座佛塔，并在每座佛塔里都放置一份佛骨。他曾经下令把自己的生平雕刻在全国各地的岩石和石柱上，直到今天，这些铭文依旧保存完好，成为我们研究他和孔雀王朝的重要资料。

▲ 阿育王柱

阿育王被誉为“伟大的阿育王”，不仅在印度，还在很多亚洲国家产生较大影响。在我国也是如此，在宁波还发现过阿育王寺。

阿育王使孔雀王朝达到顶峰，可他死后不到50年，孔雀王朝便灭亡了。尽管如此，阿育王对印度和佛教的影响仍是巨大的。在他的提倡和宣扬下，印度成为一个信奉佛教的国家，而佛教从只在印度西北流行的宗教发展成为世界上传播最广、影响最大的宗教之一。

可以说，阿育王是除释迦牟尼外，对佛教的发展影响最大的人。

阿育王石柱，顶端是雄狮，底部呈莲花状。最为著名的阿育王石柱出现在佛陀第一次讲法的鹿野苑。鹿野苑萨尔纳特石柱的狮子柱头，上部刻着四只狂啸的雄狮，中部圆盘雕刻着四个法轮和马、牛、象、狮四种兽，下部呈莲花状。这四头雄狮现在是印度共和国的象征。

◀ 四狮子雕塑

欧洲之父——查理大帝

卢浮宫是世界四大历史博物馆之首，收藏着无数艺术瑰宝，其中一座9世纪的青铜塑像引无数人驻足。尤其是欧洲人，更是对它崇拜不已。因为这座铜塑像雕刻的就是欧洲之父——查理大帝。

查理是古法兰克最伟大的统治者，也是欧洲史上最早的君主之一。只见他身材魁梧挺拔，骑在马上，左手持象征权势的金球，右手举象征力量的宝剑，头戴皇冠，身披长袍，双眼炯炯有神地直视前方，显得非常庄严；而他座下的马高大威猛，左前腿微曲，右后腿微微抬起，仿佛正缓缓迈步。

742年，查理出生于罗马的小城亚琛，身世显赫。他的祖父是法兰克伟大领袖查尔斯·马特尔，曾经在图尔战斗中粉碎穆斯林的征服计划。他的父亲是丕平三世，于751年推翻墨洛温王朝的统治，建立新法兰克王国。

768年，丕平三世去世，查理和长兄卡洛曼瓜分了法兰克王国。几年后，卡洛曼猝然去世，29岁的查理统一法兰克，成为法兰克王国唯一的王。当时法兰克王国的领土范围包括今天的法国、比利时、瑞士，以及荷兰和德国的许多地区，这个王国也是西欧地区最强大的国家。

查理登基之后，开始采取军事行动，积极扩张领土。他先后发动了55次战争，占领了今天的德国、法国、荷兰、比利时、奥地

▲ 查理大帝画像

利、意大利和部分西班牙等大片领土。可以说，他把大半个西欧都掌握在自己手中，使得法兰克的疆域整整扩大了一倍。罗马帝国灭亡之后，欧洲还没有出现过这么强大的国家。

之前罗马教皇拥有至高无上的权力，控制着法兰克，可查理打破了这个传统。在查理与罗马教皇的政治联盟中，查理始终处于支配地位。800年圣诞节，查理自称罗马皇帝，教皇利奥三世为其加冕。教皇高声宣布查理是“伟大的罗马皇帝”，将“给世界带来和平”。之后，查理接受罗马贵族、罗马人民的朝贺和拜见，法兰克王国变成查理帝国，而查理国王也变成查理曼，即查理大帝。

查理不仅建立了强大的、疆域辽阔的帝国，还推行了卓有成效的行政、司法、军事制度以及经济的改革，并且取得了很大突破。尤其是在文化教育方面，查理做出了非常杰出的贡献。他恢复和发扬了古希腊、古罗马的文化，为中世纪文明的发展奠定了良好的基础。

随着古希腊、古罗马的消亡以及众多城市的没落，古希腊、古罗马的文化也遭到严重破坏。早在五六世纪之后，罗马时代的公私藏书就逐渐消失，欧洲古文明濒临消亡的危机。到了8世纪，欧洲大部分国家的臣民目不识丁，就连皇室、贵族、大臣都没有接受过正规教育，查理大帝也是如此。为了发展文化教育，查理开始兴办宫廷学校、培养人才；从欧洲各地召集学者、文人到宫廷教授学问、宣讲知识，其中最著名的学者是英格兰的阿尔昆；建立图书馆，邀请建筑师、雕塑家、画家兴建修道院和教堂；命人搜集、抄写古希腊、古罗马著作和早期基督教的著作。

当然，宫廷学校并不是专门为皇族和贵族设立的，除了名门贵族，查理还允许中等之家和寒门小户的子弟进入学校读书。他希望罗马所有人都接受教育，提高百姓的文化水准。每过一段时间，查理还会亲自检查学生的作业，奖励那些成绩佳的学生；同时，他还会训斥成绩差的学生，宣称若是他们不改掉坏习惯，永远都得不到恩宠和赏赐。查理非常重视人才，时常提拔学习好但出身低微的孩子。

这一系列举措使古文明得以保存和流传，深受一些西方史学家的赞扬，被誉为“加洛林文艺复兴”。查理不仅促进了文化教育的发展，还促进了欧洲文明的复兴。可以说，查理为欧洲文明乃至世界文明的发展做出了积极贡献，这一时期欧洲的文化教育发展比过去几个世纪都更迅速。

813年冬天，天气异常寒冷，大雪覆盖整个罗马。然而查理坚持外出狩猎，结果不幸感染风寒，后因为发烧引起肺部和胸膜发炎。就这样，曾经叱咤风云的罗马皇帝被病魔击倒，于814年1月在亚琛宫去世，时年72岁。

查理死后不久，罗马帝国就开始分裂。843年，他的三个孙子瓜分了罗马帝国，逐渐发展成为现在的德国、法国和意大利。之后，法兰克人的语言也开始分化，形成现在的法语、德语以及其他民族语言。

童贞女王——伊丽莎白一世

伊丽莎白一世是欧洲历史上一位出色的女王，也是英国历史上最著名的国王之一。在她的统治下，英国实现了强大繁荣，不仅实现了英格兰的统一、工商业的迅猛发展，还夺得了海上霸权，成为西欧第一强国。她终身未嫁，被后人称为“童贞女王”。

1533年，伊丽莎白一世出生于英国的格林尼治，父亲是国王亨利八世，母亲则是安娜·布琳皇后。刚出生时，伊丽莎白一世就被指定为王位继承人。由于她的父母是按新教教规结婚的，因而她被国会宣布为私生女，被剥夺继承权。尽管如此，伊丽莎白一世仍生活在皇宫中，享受优越的生活，接受良好的教育。

亨利八世死后，爱德华和玛丽公主先后成为英国国王，可是这两位都英年早逝。玛丽女王去世后，伊丽莎白一世成为英国皇室唯一的继承人，顺理成章地登上女王的宝座。

伊丽莎白一世继位后，首先加强了君主专制，通过国会发布《至尊法令》，宣布女王为英国所有宗教组织的最高领导，所有神职人员必须效忠女王，不得服从任何其他国外势力。这确立了国教的正统地位，避免天主教势力对英国的干涉和控制。同时，为了加强君主集权，她还多次宣称国王是上帝的使者，所有臣民必须绝对服从。

伊丽莎白一世的行为，彻底惹怒了罗马教皇，他们不甘心失去对英国的控制权。1570年，罗马教皇宣布开除伊丽莎白一世的教籍，并且煽动反动势力叛乱，企图把她赶下台。伊丽莎白一世成功镇压叛乱，使得英国真正实现了民族独立。至此，伊丽莎白一世确立了自己在英国的统治，并赢得英国民众的推崇和欢迎。

伊丽莎白一世执政期间，是资本主义迅速发展的时期。为了顺应历史潮流，她施行了很多积极有效的政策：废除禁止圈地的法令，促进圈地运动迅速发展；收回大量被教会和王室侵占的土地，分给资产阶级和新贵族；支持和奖励英国人海外探险；与西班牙进行“海上探险比赛”；大力发展国内国际贸易，促进工商业发展；鼓励向东方扩张。这一系列措施促进了英国资本主义的发展。据统计，当时英国从海上劫掠的财物总价值达到1200万英镑，使得英国实现了资本的原始积累。

英国的迅速强大，使得西班牙感受到巨大的威胁，两国矛盾日益激化。为了在“争霸”中取胜，伊丽莎白一世积极备战，建立了一支强大的海军。当时西班牙的“无敌舰队”战无不胜，可以说它是西班牙成为“海上霸主”的强有力支持。1588年7月，“无敌舰队”100多艘舰船大举进攻英国，而伊丽莎白一世毫不示弱，派霍金斯、德雷克等将领出战，并且亲自发表演说，鼓舞士气。双方在英吉利海峡展开激战，英国海军大败“无敌舰队”，并且全歼敌军主力。英国成为继西班牙之后新的海上霸主，直到20世纪初仍未能动摇它的地位。

这一时期，伊丽莎白一世统治达到全盛时期，英国成为欧洲最强大的国家之一，伦敦成为当时最重要的商业和金融中心。伊丽莎白一世治国有道，使得政府廉洁、国库充裕。虽然与西班牙战争期间军费消耗巨大，但是国家比她登基时更加繁荣昌盛，文化发达。

▲ 伊丽莎白一世雕像

这一时期涌现出一大批文学家、哲学家，其中最为著名的是伟大作家威廉·莎士比亚、大哲学家培根。伊丽莎白一世施行开明的文化政策，促进了文学艺术的迅速发展。她曾经不顾伦敦当局反对，积极支持莎士比亚剧院的建设。同时，这一时期英国的音乐和绘画也有所发展，是英国文艺复兴的鼎盛时期。

伊丽莎白一世时代是英国大探险的时代，沃尔特·罗利爵士和其他探险者发现了美洲大陆，马丁·弗罗比歇和约翰·戴维斯发现了通往远东之路，弗朗西斯·德克雷爵士实现了环球航行。同时，英国人还来到俄国，开通从西欧到东欧的道路。

伊丽莎白一世最大的过错莫过于没有早些确定继承人。她一生未嫁，没有子嗣，多次回避确定继承人的问题。或许这是因为她心存顾虑，担心大权旁落，或是造成宫廷争斗。但不管怎样，伊丽莎白一世未早早确定继承人，给英国的安定埋下了隐患。庆幸的是，在临终前她找到了合适的继承人，她倾向于自己的侄孙——苏格兰国王詹姆斯六世。然而，詹姆斯六世和他的儿子都是独裁者，这也导致了之后的分裂，英国陷入内战之中。

伊丽莎白一世虽是女子，但堪称智慧超群、才能过人的政治家。她勇敢、果断，在与西班牙的战争中获得胜利；她富有智慧，利用与议会合作的方式取得君主专权。可以说，她是英国历史上最杰出的国王之一。

无冕之王 —— 克伦威尔

1628年英国议会下议院内，议员们正讨论着什么事情，此时一位约30岁的新议员出现。他个子不高，穿着一身不讲究的粗线毛衣，说话还带有浓重的乡土味。要知道，进入议会的人都是身份尊贵的人，平时衣着讲究、谈吐优雅。所以，这位格格不入的新议员一出现就引起众人的注意。不过，最令人震惊的是，这位新议员言辞犀利、语出惊人，严厉地抨击了查理一世的反动统治，批判他专权独裁、进行宗教迫害。这位议员就是奥列弗·克伦威尔——英国资产阶级革命的领导者、宗教领袖。

克伦威尔出身于一个中等贵族家庭，可以说不低贱也不显贵。他年轻时，英国处于宗教分裂状态，国王查理一世希望实现君主集权，多次解散国会，使得英国动荡不安。可因为与苏格兰的内战需要巨额资金，又临时召集国会，国王和国会之间的矛盾日益激化。国会猛烈抨击查理一世宗教迫害、横征暴敛的行为，而查理一世一意孤行，不理国会的提议，甚至还残忍地迫害国会议员。就这样，国王与国会之间的战争爆发了。其间，克伦威尔两次被选为国会议员，对国王的暴行非常不满，自然站在国会这一边，并且开始在政坛活跃。

1642年，克伦威尔回到家乡亨廷顿，组织一支骑兵队与国王军队作战。其间，克伦威尔参加过很多战斗，大部分获得胜利，表现出杰出的军事才能，并且赢得很高的声望，被升任为骑兵司令。1644年，马斯顿荒原之战打响，克伦威尔带领骑兵扭转了败局，起到关键性的作用。这次战役成为这场战争的转折点，促使国会赢得最后的胜利。1646年，查理一世被赶下台，克伦威尔成为议会派做出贡献最大的将军，在国会中有极高的声望和权力。

不过，英国并没有迎来和平，议会派内部发生分裂，派别林立、分歧众多。查理一世对各派别的分歧了如指掌，于是便趁机求和，企图恢复自己的统治。同时，议会派一些官兵和国王军队勾结，想要夺取权力；守旧的长老派想要控制议会。查理一世的计谋并未得逞，不过他并不甘心。之后，他逃出英国，重新纠集军队，企图东山再起。大战在即，革命阵营再次团结起来，在克伦威尔的带领下彻底击败查理一世的军队。

1649年1月30日，查理一世被推上断头台，同年5月英吉利共和国宣布成立。此时，克伦威尔已经掌握军队大权，成为独立派的领袖。为了巩固革命成果，他还开除了议会中的温和派议员。

之后，共和国成立国务委员会，克伦威尔任国务委员会主任，成为英国实际上的掌权者。但是，顽固的保皇派并不甘心失败，他们推选查理一世的儿子查理二世为新国王，很快占领苏格兰和爱尔兰，企图在英国实现复辟。克伦威尔与保皇派进行激烈的战斗，终于平定了查理二世的叛乱，控制爱尔兰和苏格兰。自此，英国长达数十年的内乱终于结束，实现了国家的统一。

战争结束后，首要的问题是建立新政府。但是新政府采取什么宪法形式呢？在这个问题上，议会出现了分歧。克伦威尔希望施行新宪法，尽管他拥有无上的权力和声望，还是没有说服其他人。新政府内存在着错综复杂的关系，各派系始终不能统一意见。直到克伦威尔去世，英国的立宪问题都没能解决，这导致当时社会冲突不断，议会内部四分五裂。同时，新教与罗马天主教的矛盾升级，两者彻底划清了界限。

其实，早在1640年，克伦威尔成为掌权者之时，国会地位就不如以前。议会保留的议员大部分是没有代表性、过于激进的少数派。国会处于一种规模小、非主流的地位，被称为“残缺国会”。克伦威尔希望与国会达成协议举行新的选举，但是即便如此，仍未成功。为此，克伦威尔于1653年4月20日用武力解散了国会，实行独裁统治。之后，国会多次重建、解散，英国也曾采用两种不同的宪法，但均以失败告终。

克伦威尔是一个军事独裁者，依靠军队对英国进行统治，却多次尝试实行民主，多次重新组建国会，希望建立民主政体，甚至拒绝加冕为皇帝。可见，他并不是想要真正实行独裁统治，而是在不断地探索和尝试，希望能建立一个适合英国、切实可行的政体。

1653年到1658年，克伦威尔自称“护国主”，而这一时期也被称为“护国主时期”。其间，他建立了大体完好的政体，英国得以稳定和发展；修改查理一世时期粗暴的法律；提倡宗教信仰自由，打破宗教之间的藩篱；改革军队，发展文化教育事业；宽待犹太人，允许他们来英格兰定居和信奉自己的宗教。

同时，克伦威尔还推行了行之有效的外交政策，始终贯彻海权战略，把海权扩展到整个大西洋。这提高了英国的国际地位，促进了英国的发展。

1658年，克伦威尔患上了疟疾，不久在伦敦去世。之后，他的长子理查德·克伦威尔被选为继承人，但是理查德并没有继承父亲的才能，很快就被推翻，之后流亡法国。

1660年，查理二世在保皇党的支持下复辟，残忍地把克伦威尔的遗体掘出来，在绞刑架上执行绞刑。他的头颅流落民间，直到300年后才被收回并安葬。这是没有道德的报复行为，但这种行为也凸显了保皇派的心虚，他们无法掩饰君主专制的失败。查理二世充分认识到这一点，不再挑战议会的权力。可是他的继承人詹姆斯二世没有意识到这一点，企图进行复辟，实行君主专制，结果很快就被议会废除。1688年，英国爆发不流血的革命，确定实行君主立宪制——规定国王服从议会，推崇宗教信仰自由。

克伦威尔是英国民主的奠基人，提出并实践了君主立宪制。他是一个实干家，虽然多次失败，但始终没有放弃探索。他是英国确立民主政体的关键人物，为英国做出了巨大贡献。很多人认为若是没有克伦威尔，议会在内战中很可能不会成功，而之后的君主立宪制也不会那么早确立。

▶ 克伦威尔雕像

俄国之父——彼得大帝

荷兰的滨海城市萨尔丹是当时最为著名的造船业中心，1697年，一个俄罗斯使团来到这里。令人惊讶的是，使团成员总是打探如何造船的事情，其中一个身材高大的年轻小伙子最为积极。他身强体壮、臂力过人，总是积极地向人请教，后来干脆住进一个铁匠的家，和造船工人学起木匠活。即便休息时分，他也不厌其烦地请教，并且认真地记录。

这个青年自称米哈依洛夫，只是使团的一名下士随员。他时常给国内的亲人写信，可奇怪的是，书信结尾总是盖上一个图章，还会写上“一个勤学好问的学生”的字样。更令人奇怪的是，俄国使团的官员时常看望他，态度还非常恭敬。

他就是俄国沙皇——彼得一世，罗曼诺夫王朝第四位沙皇，被誉为彼得大帝。他出生于1672年，4岁时，老沙皇去世，他就经历了复杂的宫廷争斗。10岁时，他和同父异母的兄弟伊凡同时被立为沙皇，不过异母姐姐索菲亚成了摄政王，掌握着王国大权。彼得空有沙皇的身份，无权过问政事。他和母亲生活在莫斯科近郊，过着被流放的生活。

彼得从小就喜欢西方文化，时常和使馆区的西方人来往，深受西欧文化的影响。同时，他对行军打仗非常感兴趣，时常和同伴玩打仗游戏，练习军事操练。他还喜欢射击、航海、造船，表现出杰出的才能。他组建了两支童子军，后来成为训练有素的军队，为彼得之后的夺权立下了大功。随着彼得年纪的增长，索菲亚越来越忌惮他，生怕他羽翼丰满之后夺得政权。1689年，索菲亚举兵叛乱，准备除掉彼得，自己做女沙皇。彼得率领童子军团反击，很快平定叛乱，免去索菲亚摄政王的职位，亲掌大权。至此，彼得的地位得以稳固，成为俄国真正的统治者。

此时，俄国正处于快速发展时期，但与西欧一些先进国家相比还非常落后，工商业发展不足，社会状态处于封建时期。为了突破与外界隔绝的困境，彼得决定扩大海外市场，发展海外贸易。而想要发展海外贸易，就必须占领周边海域，打开俄国的出海门户。首先，彼得的目标就是建立一支强大的海军，然后再效仿西方，掌握西方先进技术，对俄国进行全面改革。正因为如此，彼得亲自来到荷兰学习西方的先进技术。

1698年，彼得回到俄国后便开展一系列大规模的改革，力图改变俄国的落后状况。在经济方面：为了引进西方技术，他聘请许多西方技术人员，同时派遣年轻的俄国人到欧洲学习；鼓励工业和商业发展，给予工商业者优惠政策。在军事方面：建立海军，按照西方军队的模式进行编制，按照西方的训练方式进行训练；实行义务兵役制度；引进西方先进武器，军队配备统一军服和现代火器。在政治方面：加强中央集权，设立参议院；划分行政区，将全国分为50个省；改革官制，废除世袭制度，按照官员表现给予提拔；在教育方面：大力培养人才，兴办学校，积极选用、提拔有能力的年轻人……

同时，在社会问题上也进行了一系列改革，提出了西方化的主张。他颁布一些法令，如：俄国人不能蓄胡子，宫廷人员必须穿西

▲ 彼得一世雕像

装，鼓励人们吸烟和喝咖啡。这些政策违背了俄国人的风俗习惯、传统，遭到贵族阶级的强烈反对，却给俄国带来很大的影响。通过改革，俄国社会顺应了时代发展，接纳了西方的文化和风俗。他还引进欧洲的儒略历，采取先进的纪年法，并且对俄文字母进行改革，实现了文字的现代化。

彼得还对宗教进行改革，因为在他看来俄国正教会是落后的、反动的，很大程度影响了俄国的发展。他对正教会进行了部分改组，掌握控制权。为了让人们摆脱宗教的控制，他积极创办非宗教学校，鼓励和支持科学文化的发展。经过改革，俄国的经济、政治、军事得以快速发展，城镇的规模得以扩大，资本主义快速发展，同时军事实力大大增强。

与此同时，彼得还进行了外交政策的改革。在南部，他与土耳其交战，占领亚速港，打开俄国通往黑海的通道。但是，在彼得统治晚期，俄国落于下风，只能把亚速港交还给土耳其。同时，俄国还和北方的瑞典交战，夺取波罗的海出海口。之后俄国吞并了包括爱沙尼亚、拉脱维亚和芬兰附近的领土，此外，还掠夺了中国大片领土。

圣彼得堡就是如此。彼得夺得原本属于瑞典的一片领土，并且建立了这座新城市。1712年，彼得迁都圣彼得堡，圣彼得堡成为俄国与西欧来往的重要城市和出海口。自此之后，俄国一跃成为欧洲强国之一，彼得被尊称为“大帝”和“祖国之父”。

彼得统治晚期，因为进行大规模改革和对外侵略战争，俄国财政陷入困境。无奈之下，他只能强行增收赋税，以便解决财政上的困难。这引起俄国人民的不满和怨恨，再加上一些别有用心的人的煽动，国内爆发几次叛乱。即便如此，彼得依旧被视为俄国伟大的沙皇。

美国之父——华盛顿

华盛顿位于大西洋沿岸的波托马克河畔，是美国的首都。这座城市原本并不存在，是为了纪念美国的开国者乔治·华盛顿而建立的。乔治·华盛顿是美国最伟大的领袖，在美国人民心中有非常崇高的地位。

乔治·华盛顿的父亲是一位富有的种植园主，在弗吉尼亚的威克弗尔德有很高的声望。他出生于1732年，20岁时继承了父亲的庄园。年轻时，华盛顿非常有热情，积极参军，并且表现出军事才能，在军事上树立了很高的威望。1758年，华盛顿回到弗吉尼亚，次年与一位带有两个孩子的富孀——玛莎·丹德里奇·卡斯蒂斯——结婚。

在随后的15年里，他精心经营家产，成为殖民地最富有的富翁之一。1774年，华盛顿当选弗吉尼亚代表，成为下议院议员，他积极反对英国统治，希望谋求美国的独立。

1775年4月19日，波士顿人民在莱克星顿发动起义，自此美国人民反抗英国殖民者统治的独立战争爆发了。华盛顿听到消息后立即赶往波士顿，亲自到前线指挥战斗，大败英军。第二年，他参加第二届大陆会议，因为杰出的指挥才能和极大的天分，被推荐为大陆军的总司令。其间，华盛顿军事经验丰富、忠诚效劳，对待士兵体恤、宽容，尤其表现出坚忍不拔的性格，深受士

▲ 华盛顿雕像

兵们拥护和爱戴。

独立战争初期，美国打得非常艰苦。其原因主要有以下几个方面：美军绝大部分是临时召集的农民，没有接受过正规军事训练，作战能力不强；后勤供应不足，士兵时常吃不饱、穿不暖；军资不足、武器不齐。而相反的是，英军装备精良，训练有素，后勤供应充足。在最恶劣的环境下，美军艰苦作战，虽然顽强作战，但是屡战屡败，先后失去纽约等要塞。1777年9月，英军占领首都费城，很多意志不坚的将领甚至选择投降。

在这样极端艰苦的形势下，华盛顿却意志坚定，始终坚持指挥军队，从来没有动摇过。华盛顿表现出非凡的军事才干，把原本自由散漫、缺乏组织纪律的军队训练成一支作战勇猛、训练有素的强大军队。华盛顿鼓舞士兵，号召他们为自由、独立而战；号召他们争取自由，夺回被英国人掠夺、毁坏的土地。同时，他还持续向后方争取更多补给，号召士兵克服寒冷的冬天。在华盛顿的鼓舞和号召下，美军逐渐恢复士气。

1777年10月，美军终于在萨拉托加战役中获得大胜，扭转了不利局面。同时，美国争取到法国的支持，正式与法国结成同盟。1778年6月，法国派军舰支持美国，英军只能从费城撤军，转而攻打美国南方的城市。华盛顿并没有直接阻击英军，而是将军队驻扎在纽约附近的西点军事基地。

1780年，英军主力占领南方港口城市约克镇，美军和法军共同向约克镇逼近，之后法军用军舰封锁海港，切断英军的后路，而华盛顿则率领美军从正面展开猛攻。次年9月，英军统帅康沃利斯向华盛顿投降，华盛顿赢得了约克镇之战的大捷，而这场战役也成为独立战争最后一场主要的战斗。之后，英国承认美国独立。

此时，华盛顿51岁，正式卸任军队统帅的职务，解散军队，并且向士兵们发表告别演讲。1787年，美国制宪会议在费城召开，会议上华盛顿被推选为会议主席。华盛顿利用自己的威望和影响力平衡代表们的意见，协调会议的气氛，促使制宪会议取得巨大的成功。

1789年，华盛顿被推选为美利坚合众国的总统。同时，各州代表也举行州府投票，人们纷纷支持华盛顿当总统。华盛顿成为美国第一位总统，也是美国历史上第一位全票当选的总统。当选之后，华盛顿进行就职演说，声称“竭尽全力为民效力”，并且表示“在适当的时机尽早解除这一职务”“再次隐退”。

晚年时期，华盛顿渴望过自由自在的生活。1797年3月，两届任期结束后，他决定结束政治生涯，再次隐退。卸任前一天，他举行了一场庄重而热烈的告别宴会。之后，他回到自己的家园——

弗农山庄，过起了自由自在的生活。

美国产生过很多杰出的领袖，如托马斯·杰弗逊、詹姆斯·麦迪逊、亚历山大·汉密尔顿等。与他们相比，乔治·华盛顿可能不是最有思想的、最具有创新精神的，但无疑是最伟大的。无论在战争时期还是和平时期，他都表现出超凡的天分、杰出的领导才能。他对美国的建立做出了重大的贡献，是美国的开创者。

翻开世界历史，我们会发现，即使一开始就实行民主宪法的国家，也难免堕落成为一个军事专制的国家。美国却没有。华盛顿是一位伟大的领袖，他始终坚定地维护美国的独立统一。虽然他是拥有声望的军事统帅，但是没有企图用军事统治美国，也不想当独裁者。他开创了主动让权的先例，维护了美国的民主，而这也是他的伟大之处。

▲ 1美元纸币上的华盛顿头像

美国的解放者——林肯

亚伯拉罕·林肯是美国历史上伟大的总统之一，他是少有的兼具强权和公正、坚定和柔软、暴力与和平的领导人。林肯不是最完美的领导人，却是公认的近乎完美的一个。

林肯出身贫寒，1809年2月出生于一个普通农民家庭。由于家境贫寒，他几乎没怎么上学。童年时期，林肯每天跟着父亲到地里劳动，做繁重的农活。后来在自传中，他说自己的童年是“一部贫穷的简明编年史”。

虽然如此，林肯勤奋好学，没钱买纸和笔，就用棍子、石头在

▲ 林肯雕像

沙土上、木板上练习写字、画画。他每天都要放牛、砍柴、做农活，可空闲时也不忘拿着书本学习。在田地里，他一边吃着冰冷、粗硬的玉米饼一边读书；晚上，他时常拿着昏暗的小油灯读书，每天都读到深夜。

后来，林肯独自一人离开家乡，到外地谋生。他做过短工、水手、店员、乡村邮递员、土地测量员等，还做过伐木、劈木头这样的苦力活。他利用一切空闲时间学习，挤出吃饭、休息的时间研读历史、文学、哲学、法学等著作，积累了各方面的丰富知识。

林肯是一个正直的人，做事认真，对人也真诚，从不肯占小便宜。在商店做店员时，一个顾客多付了几分钱，他竟然跑很远的路把钱还给人家。在茶叶店工作时，他不小心少给顾客100克茶叶，发现之后还特意把茶叶送到顾客家中。虽然他做的是苦活、累活，但是受到人们的喜欢和尊敬。

青年时期，林肯做过一段时间水手，跟随船队多次到南方。在那里，他看到了奴隶主的残暴、无礼，看到黑奴遭受的折磨和屈辱。他非常同情黑人奴隶，痛恨奴隶制度，并且希望能解放黑人奴隶。之后，林肯对政治产生兴趣，开始积极参与政治活动，并且成功当选议员。

林肯时常发表演讲，抨击奴隶制的黑暗和残忍，要求公平、平等。1854年，共和党成立，林肯加入共和党，积极主张废除奴隶制。两年后，第一次全国代表大会召开，林肯被提名为副总统候选人。在竞选演说中，林肯大声呼吁废除奴隶制度，为自由而斗争。

1858年，林肯竞选伊利诺伊州参议员，发表演讲时把美国比喻为“一幢裂开了的房子”，并且表示这栋房子是站不住的，“政府不能永远保持半奴隶、半自由的状态”。这就是著名的《裂开了的房子》的演说。林肯的演说生动、富有感染力，明确地表达了人们渴望自由、平等，渴望废除奴隶制的迫切愿望。这次演讲为他赢得很大的声誉。

两年后，林肯当选美国总统，而他也实现了自己的理想——解放了全部黑奴，废除了奴隶制度。当然，这一理想是通过艰苦卓绝的战争来实现的。之前，奴隶被视为一种私人财产，就像是物品、马或猫一样被登记在税册上，每个奴隶在估税人的册子里都是“明码标价”的。林肯想要通过议会来解决这个问题，希望能施行有补偿的奴隶解放政策，却遭到南方奴隶主集团的反对。为此，他认为只有发动战争，才能彻底解决问题。于是，林肯带领北方资产阶级与南方奴隶主展开激战，最终大败南方军队。

南北战争，被称为美国的第二次革命，之后林肯成为黑人解放的象征，被美国人视为民族英雄。可是，失败的南方奴隶主们并不甘心，他们想方设法暗杀林肯。1865 年 4 月 14 日，他们收买了一个演员，在华盛顿的福特剧院刺杀了林肯。当天晚上，林肯与世长

▲ 5 美元纸币上的林肯头像

辞。这个消息在美国乃至世界引起巨大轰动，人们陷入悲痛之中。林肯出殡时，150万人瞻仰仪容，700多万民众夹道相送、列队致哀。

林肯是一位伟大的领袖，同时也是一位德行很高的人。他为人正直、真诚、坚毅，待人彬彬有礼、幽默风趣。即便对待政敌，他也非常宽容，绝不会肆意迫害和排挤。很多人建议他用强硬的态度对待政敌，想办法消灭他们。林肯却温和地说："难道我不是在消灭政敌吗？当他们成为我的朋友时，政敌就已经消失了。"

林肯是一位杰出的政治家，为维护美国的统一、推动社会的发展做出了巨大贡献。他不仅废除了美国的农奴制，还对许多实行奴隶制的国家产生很大影响。林肯是无数美国人乃至全世界人民的偶像，直到今天，成千上万的人仍以他为榜样。他向全世界传递了一笔宝贵的精神财富，那就是民主。不仅如此，他还身体力行地推行民主。

铁血首相——俾斯麦

德意志的统一，不仅改写了欧洲政治版图，改变了当时欧洲政治力量对比，还对整个世界现代历史的发展产生了重大的影响。德意志联邦长期处于分裂割据状态，有一个人彻底结束了这一切，这个人就是俾斯麦。俾斯麦是德国重要的领导人，是德国著名的政治家和外交家。在他的领导下，德国实现了向资本主义的过渡，成为西欧强大的国家之一。

俾斯麦是德国容克资产阶级的代表，其家族也是大容克贵族。1815年4月1日，他出生于普鲁士雪恩豪森庄园。父亲拥有很大的

▲ 俾斯麦画像

庄园，因为家境优渥，他接受了良好的教育，后进入柏林大学学习。

俾斯麦身体强壮，性格张扬、粗野、好胜，而且容易情绪激动，喜欢用暴力解决问题。大学期间，他时常和同学发生冲突，还与同学进行过27次决斗。而这样的性格，也体现在他之后所采取的政策上。1835年，俾斯麦大学毕业，回到家乡管理家里的庄园。但是他不满足这样的生活，想要进入政坛。

之后，他被选为柏林州议员，正式进入政坛。1848年革命爆发时，普鲁士国王被革命党人俘虏，俾斯麦率领军队前往柏林，准备镇压革命。俾斯麦是狂热的容克资产阶级，主张用武力驱散资产阶级代表，这使他受到国王的赏识和重用。很快，他被任命为普鲁士邦驻德意志联邦代表会的代表，之后又先后被任命为驻俄公使。

1861年，威廉一世成为德国国王，任命俾斯麦为内相。但是俾斯麦并不满足，想成为首相，遭到国王拒绝。之后，他被任命为法国大使。同年，自由派获得新一轮选举的胜利，威廉一世不得不召回俾斯麦，任命他为普鲁士首相兼外交大臣。

俾斯麦崇尚武力，主张用武力来对付敌人。他当上首相的第一周，就在联邦议会上发表著名的“铁血演说”，主张用“铁和血”来解决重大政治问题。他认为德国不能实行自由主义，而应该使用武力，因此俾斯麦也被称为“铁血首相”。

“铁血演说”对于德意志具有非常重要的意义，有利于实现德意志的统一和和平。自9世纪以来，德意志就处于四分五裂的状态，这给社会经济发展、国家强大繁荣造成极大的阻碍。在当时的环境下，实现统一、结束割据分裂的状态是势在必行的，既顺应历史潮流，又符合全民族利益。

俾斯麦认为只有在容克阶级的领导下，通过自上而下的斗争才能实现德意志的统一。为此，他发动了对丹麦的战争——丹麦位于普鲁士北方，时常插手普鲁士内务。1864年年初，俾斯麦占领普鲁士与丹麦边境的石勒苏益格、荷尔施泰因两公国。战后，石勒苏益格归普鲁士，而荷尔施泰因归奥地利。

随后，俾斯麦又发动对奥地利的战争，决定将奥地利赶出德意志联邦。战争中，普鲁士取得胜利，两国于1866年8月签订《布拉格和约》。俾斯麦不仅把奥地利赶出德意志联邦，还兼并了荷尔施泰因以及支持奥地利的几个德意志诸侯国。至此，俾斯麦统一德意志北部和中部，而普鲁士的敌人就剩下控制德意志南方的法国。

紧接着，俾斯麦把目标锁定法国，发动了普法战争。1870年9月17日，俾斯麦以西班牙王位继承问题引起争斗，迫使法国向德意志宣战。拿破仑三世轻视俾斯麦，吹嘘说自己可以轻松击败德国，“到柏林散步”。可是，此时的普鲁士已经不是从前那个分裂的、落后的国家，在俾斯麦的领导下，它发展成为一个强大的、团结的联邦。很快，俾斯麦团结民族意识，激起民众的反抗情绪，对法国展开进攻。之后，俾斯麦取得节节胜利，最终于1870年9月2日在色当战役中大败法军，俘虏了拿破仑三世。自此，俾斯麦统一德国南部，实现了整个德意志的统一。

随后，俾斯麦乘胜追击，进军至巴黎，协助新成立的政府镇压了巴黎公社。1871年1月18日，俾斯麦在巴黎郊外的凡尔赛宫宣布德意志统一，威廉一世登基为德意志帝国皇帝，而俾斯麦成为德意志帝国的第一任首相。

俾斯麦是大资产阶级和贵族地主利益的代表，是典型的保守派，积极维护专制主义。他不仅镇压了巴黎公社，还在国内积极镇压工人运动。他在国内进行了改革，颁布了《反社会主义者非常法》，同时还确立了工人的养老金、医疗保险制度，这具有非常重大的历史意义。

他继续推行“铁血政策”，积极对外扩张和侵略，与英国争夺世界霸主的地位，对非洲、亚洲和太平洋地区进行疯狂的殖民掠夺。这一系列举动不仅促进了德国的经济、军事发展，还确立了德国在欧洲大陆的霸权地位。

然而，从19世纪80年代末开始，俾斯麦的内外政策就连续遭遇失败。因为意见上的不和，他遭到新继位的皇帝威廉二世的排斥，还被赶下台。俾斯麦是德国近代历史上举足轻重的人物，是最著名的政治家和外交家。虽然俾斯麦退出了历史舞台，但是他的“铁血政策”对德国产生了极为深远的影响，使它成为世界战争的策源地。

印度圣雄——甘地

甘地是印度的传奇人物，为印度自由、统一做出巨大贡献，被称为“过去30年来的向导和哲学家”“印度自由的灯塔”。1947年8月15日，印度联邦宣布成立，制宪会议向这位最伟大的人物致以崇高的敬意。

甘地的家族都是和平主义者，反对暴力、厌恨杀生。在这样的环境下长大，甘地自然也成为一名和平主义者。他从小就崇拜印度神话中的圣贤，欣赏其高尚品德，包括诚信、正直、牺牲等。甘地

▲ 甘地雕像

▲ 印度卢比上的甘地头像

的家庭属于地位较高的中产阶级，他接受了良好的教育。当时，印度社会等级森严、种姓界限分明，出身低的人是接受不到良好教育的，甚至连读书的机会都没有。

甘地是幸运的，得到了前往英国接受高等教育的机会，通过了法律考试。在英国他接触到先进的思想，也认识到印度社会的不公，以及作为英国殖民地的耻辱。他决心改变印度的现状，实现印度的自由、平等，反对种族歧视，解放黑人。

毕业后，甘地回到印度，成为一名律师，希望通过法律来实现自己的理想。可很快，他就意识到这条路行不通。当时，甘地被公司派到南非办一件诉讼案，没想到遭遇人生中最大的耻辱。而这件事也彻底改变了他的人生。

事情是这样的：公司特意为甘地购买了头等车票，可到彼得玛利兹堡时，一位欧洲白人想要把他赶到行李厢。他骂甘地是“臭苦力”，说他没有资格和自己在一个包厢。虽然甘地当时身穿英式服装，但是车长和欧洲白人还是把他赶了出去，甚至因为甘地的反抗把他从车上驱逐。自此，甘地开始到处演讲，宣扬自由和平等，宣扬非暴力活动。

当时印度人在南非遭到非常严重的歧视，被限制旅行、禁止罢工，当地只承认基督教式婚姻的合法性。甘地强烈谴责南非政府的种种歧视法规，要求平等和权利。他号召在南非的印度人团结起来，消除印度教徒与穆斯林的仇恨；告诫人们诚实做人，争取自己的权利。甘地受到众多印度人的支持和拥护，倡导的运动得到众人的支持和响应。南非政府迫于无奈，只能颁布新的法案。

1915年，甘地回到印度。当时，印度存在着森严的等级制度，社会矛盾重重，各教派、种姓时常发生混战，互相屠戮。那些上层社会的人看不起普通民众，甚至把他们称为“贱民”“麻风病人”。贵族和特权阶级不允许这些人居住在村中，或从公用井中取水；不允许他们进入寺庙、学校。当这些人行走在街道上，还要高喊着“不洁！不洁！”

甘地认为这是对这些民众的严重侮辱和歧视，他把他们视为“神的子女”，还创办了静修院，欢迎他们进出。对于所有人来说，甘地犯了禁忌，就连他的妻子都万分惊骇，警告他这是在“玷污”静修院。因此，甘地受到正统的印度教徒的攻击，他们阻挡他的车辆，甚至用石头袭击他的车子。对此，甘地非常愤怒，但毫不畏惧。

甘地还发起了抵制英国货的运动，唤醒了印度人的民族意识。抵制活动异常高涨，参与者不计其数。然而，这也导致了暴力事件的发生，一群情绪高昂的示威者在游行过程中与警察发生冲突，一发不可收拾，22名警察被杀死。因为担心情况继续恶化，甘地立即下令取消活动。在印度，甘地拥有很高的声望，被尊称为“甘地师”，甚至被视为神的化身。他让无数人改宗皈依，一呼百应。

真纳是印度穆斯林联盟的领袖，一直想要把巴基斯坦从印度分离出去，成立独立的国家。甘地强烈反对分裂，积极维护印度的统一，可他并没有成功。1946年8月15日，真纳在孟加拉国宣布“直接行动日”，引起加尔各答爆发大暴动。印度教徒和穆斯林互相袭击、砍杀，整个城市陷入混乱、血腥、恐怖之中。之后暴动持续蔓延，努卡里也陷入混乱。甘地四处奔走，赤着脚发表演讲，呼吁人们停止暴动、砍杀。可是，暴乱并没有平息，反而像野火一样蔓延，甚至越来越不可控制。

1947年8月15日，印度宣布独立，之后印度教徒、锡克教和穆斯林再次发生大冲突。很快，多地爆发大屠杀事件，两派人疯狂

▲甘地墓

地厮杀，死伤者数以百万计。为了平息暴力冲突，甘地四处奔走，甚至绝食抗议。他宣布若是暴力冲突不停止，便绝食到底。尽管印度教、锡克教与伊斯兰教领袖都表示会停止屠杀，但是暴力冲突依旧没有停止。

甘地的行为遭到很多狂热分子的仇恨，他们痛恨甘地亲近伊斯兰教，同时把印度分裂的罪责归咎于他，多次袭击和暗杀甘地。1948年，甘地在前往祈祷大会途中遭到一个狂热的印度教徒的刺杀，胸部与腹部中枪，不幸去世。

甘地是印度人最崇敬的人，被称为“圣雄”，但他并不是一个圣人。他性情急躁、独断专行，不愿意与人合作，甚至让人难以亲近。即便对待家人，态度也非常严厉、苛刻，以致四个儿子都不愿意与他亲近。他不允许儿子结婚，反对儿子近女色；拒绝让儿子接受高等教育，同时也不让妻子接受教育；他疏远妻子，不愿与妻子一起生活，让妻子孤单、痛苦地生活长达42年。

即便如此，我们也不能否认他的伟大，不能抹杀他的人道精神和超人的毅力。甘地在印度具有非常大的影响力，领导印度人民反对殖民地统治，争取种族平等，并且主张宗教自由。爱因斯坦曾经评价说：“我们下代的子孙恐怕很难相信，世界上真有过这样一个人。”

革命导师——列宁

荷马史诗《伊利亚特》里有一个叫“卡夫丁峡谷”的地方，曾经发生一场激烈的战役，希腊几十万大军被人歼灭。后来马克思和恩格斯把它称为向社会主义过渡的巨大障碍。20世纪初，列宁引领俄国跨越了这个巨大障碍，成立了第一个社会主义国家。

列宁本名弗拉基米尔·伊里奇·乌里扬诺夫，是俄国最伟大的革命领袖，也是伟大的马克思主义者。1870年4月22日，他出生于俄国伏尔加河畔的辛比尔斯克，从小就受到民主思想影响。他的父亲是一位倡导民主的教育活动家，哥哥也是民主主义者，积极参与反对沙皇的运动。

1887年秋，列宁进入喀山大学学习法律，其间积极参加学生运动，宣扬民主思想，反对警察制度。因此，他被学校开除，后被驱逐出喀山。第二年，他又回到喀山，开始研究马克思的《资本论》和普列汉诺夫的著作。之后，列宁来到萨马拉城，组建了当地第一个马克思主义小组，并且翻译了《共产党宣言》，此时他年仅21岁。1893年8月，列宁来到圣彼得堡，此时他已经从一个社会主义者转变为共产主义者。自此，他改变了自己的命运，也改变了俄国的命运。

当时俄国处于帝国主义时期，社会矛盾冲突日益凸显，列宁和革命党人积极主张推翻沙皇专制制度，实行民主革命。而列宁

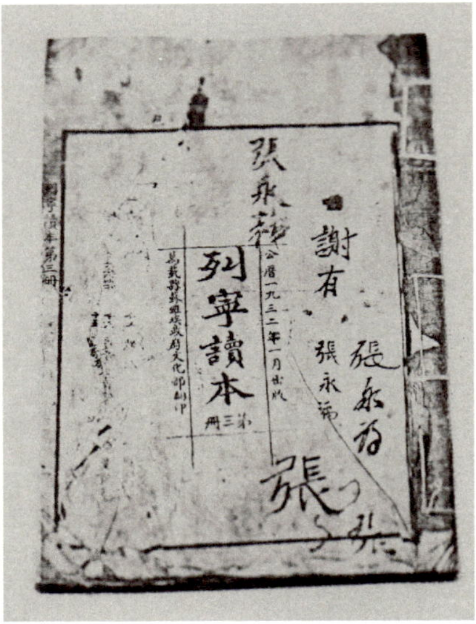

▲《列宁读本》

意识到想要完成民主革命，就必须成立一个革命家的组织，用武装革命来解放俄国。于是，他创立了“彼得堡工人阶级解放斗争协会”，结果不幸再次被捕，被关押一年多后被流放西伯利亚。

之后，他以列宁的笔名，写出了《俄国资本主义的发展》一书。1900年，他回到圣彼得堡，又前往德国，并且创办了第一份机关报——《星火报》。之后，俄国社会民主工党在布鲁塞尔召开代表大会，列宁成为布尔什维克的领袖，而这也标志着列宁主义的形成。之后，革命失败，列宁又开始了十几年的流亡生活。

第一次世界大战爆发后，沙皇投入大量财力、兵力，加重对百姓的剥削，激化了社会矛盾。1917年3月，俄国人民爆发革命，推翻了沙皇政府，建立民主的临时政府。听闻这个消息后，列宁立即返回俄国，积极准备发动武装起义。列宁敏锐地察觉到临时政府虽然建立，但并没有掌握实权，此时是发动武装起义的最好机会。1917年7月，列宁领导布尔什维克发动第一次起义，不幸失败。很快，列宁又组织了第二次起义，成功推翻临时政府，取得社会主义革命的胜利，这就是著名的十月革命。

革命成功后，苏维埃政权成立，列宁被推选为人民委员会主席。俄国开始迈入新的历史时期，成为第一个社会主义国家。之后，他领导俄国人击败外国武装力量的干涉，平定了国内的叛乱，成功地巩固了苏维埃政权。

当时，俄国比较落后，发展经济成为首要问题。为了促使经济建设走向正轨，列宁制定了符合国情和经济规律的新经济政策。他制订了电气化的纲领性计划，提出社会主义工业化的任务；拟定实行农业合作社和农业机械化的改造；积极吸引小生产者，促进工商业发展；积极发展文化教育，提高国民文化水平；重视教育事业的发展，发挥教师和专家的作用。一系列经济政策，促进了经济的快速发展，实现了封建主义向社会主义的过渡。

列宁是俄国最伟大的革命领袖之一，他极端反对个人崇拜。他为人谦逊质朴，始终遵守党的集体领导原则，不专权、不在乎名利。他认为工人领袖不是神和圣人，不应该搞个人崇拜。他拒绝人们为自己制作画像和雕像，也反对为自己祝寿。他曾经告诫人们杜绝骄傲自大，杜绝个人崇拜。

列宁是伟大的革命者，把一切都奉献了给革命事业。他鞠躬尽瘁，长期超负荷地工作，以致晚年身体非常不好。1922年，他身患重病，即便如此，他依旧坚持工作。1924年1月21日，列宁因病与世长辞。

列宁为俄国革命和全人类做出了杰出贡献，他的去世让人们沉浸在哀伤和悲痛之中。为了纪念这位伟大的革命导师，人们把他安葬在莫斯科红场上，以供后人瞻仰怀念。

▲ 列宁雕像

英吉利的救星——丘吉尔

1940年6月，德国发动对西欧国家的战争，陆续占领捷克、波兰、荷兰、比利时、卢森堡和法国。欧洲大部分国家沦陷，而英国也岌岌可危。当德国猛烈进攻英国时，温斯顿·丘吉尔发表了慷慨激昂的演讲，号召人们积极奋战、不惜一切代价去争取胜利。丘吉尔的声音回荡在英伦三岛上空，并且迅速传遍整个欧洲甚至整个世界，激励着人们与法西斯战斗到底。

1874年，丘吉尔出生于英国牛津附近的布莱尼姆宫，出身名门。他的祖父是一位战功赫赫的将军，父亲则是英国财政大臣。他从小就接受良好的教育，还被送进名校哈罗公学。丘吉尔只喜欢历史、文学和军事，不喜欢其他学科。因为喜欢军事，他进入桑德斯特陆军军官学校，并且以优异的成绩毕业。

1895年，丘吉尔参加皇家第四骑兵团，被授予中尉军衔。他是一个好战分子，非常渴望参加战斗。之后，他前往古巴，参加了西班牙与古巴的战争，后成为随军记者，为《每日纪事报》撰稿。后来，他跟随英军在印度驻守，阅读了大量历史、哲学、宗教和经济方面的著作，发表了多篇报告文学。再后来，他还前往南非，采访英布战争，发表了以此为题材的报告文学和小说。

1900年，丘吉尔代表保守党参选，被选为下议院议员，开始了长达五六十年的从政生涯。他身为保守党，却抨击保守党的各种

▲ 丘吉尔雕像

政策，坚持反对扩军计划，甚至彻底与保守党决裂。1906年，他以自由党身份进入内阁，先后出任殖民地事务部副大臣、商务大臣、内政大臣。第一次世界大战期间，丘吉尔又先后担任海军大臣、军需大臣，因在战中失利，受到保守党猛烈攻击。

1924年，丘吉尔以“独立的反社会主义者”身份参选，结果失败。后来，他再次以保守党身份竞选，被任命为财政大臣，但他对财政一窍不通。之后，丘吉尔基本赋闲，拿出大部分精力从事写作。

20世纪30年代，法西斯崛起并横行，英法采取绥靖政策，纵容法西斯的侵略行为。丘吉尔成为强硬派代表，四处发表演说，揭露法西斯的险恶用心以及战争的危害，希望能遏制法西斯，维护和平。

1939年，丘吉尔被任命为内阁海军大臣；次年，又被任命为首相。在他的带领下，英国人民誓死反抗，不仅保卫了英国，遏制了法西斯德国的侵略步伐，还为世界反法西斯战争做出杰出贡献。丘吉尔积极展开外交活动，促进反法西斯统一战线的形成，与罗斯福、斯大林并称为“三大巨头”。

1945年，反法西斯战争胜利前夕，丘吉尔未能继任首相。1946年3月5日，丘吉尔发表著名的“铁幕演说”，主张英美联合对抗共产主义，这标志着东西方“冷战”的开始。之后，丘吉尔再次出任首相，此时他已经77岁高龄。1955年，因年事过高，他辞去首相职务，专心从事写作。1965年1月，因脑溢血去世。

丘吉尔一生都在从事政治活动，但是文学成就也非常显著，为后世留下众多历史著述和传记文学，其中包括报告文学《马拉坎德远征记》《河上的战争》《南非从军记》，小说《沙普罗拉》，五卷本回忆录《世界危机》，传记《我的早年生活》，四卷本《马博罗传》，以及《英语民族史》等。

▲罗斯福与丘吉尔雕像

从1946年开始，他多次获得诺贝尔文学奖提名，并在1953年获得诺贝尔文学奖。瑞典学院评价他“在描述历史与传记方面的造诣非常高”，并且把他比作“具有西塞罗文才的恺撒大帝”。

丘吉尔的性格非常豁达，认为在浩瀚的历史中，人们不过是萤火虫。第二次世界大战前夕，他因为阑尾炎手术未能参加竞选演说，最后落选。他豁达地面对，说自己失去了席位，也失去了阑尾。同时，他具有超高的演说能力，是当时最为著名的演说家。他的很多出色演讲流传至今，成为脍炙人口的名篇。

其中最为著名的是“我们越战越强”演讲，激励着英国人民战斗到底，直到今天仍被世人传诵。他说：“如果有必要，我们将进行持久战；如果有必要，我们可以孤军奋战。”“我们不会气馁，也不会屈服，我们要坚持到底，我们要在英国国土上作战，要在所有海洋上作战。”演讲表现了他和英格兰民族顽强抵抗、决不投降的精神，给欧洲乃至全世界以最大的鼓舞。希特勒也被丘吉尔的演讲所震撼，说丘吉尔入阁才意味着战争的真正开始。

丘吉尔非常喜欢抽雪茄烟，不管出席什么公众活动都叼着雪茄。即使是做礼拜，他手里都时刻拿着雪茄，只要手里拿着雪茄，他就会精神百倍、自信满满。丘吉尔讨厌别人劝自己戒烟，喜欢随心所欲地抽着雪茄。为了纪念丘吉尔，英国人还创造了“丘吉尔”牌的雪茄。

丘吉尔是英国的杰出领袖、政治家，同时他有达观的生活态度、豁达的心胸，以及顽强的意志。正因为如此，他才带领英国人赢得了真正的胜利。正因为如此，他成为少有的高寿的领袖，活到91岁高龄。

钢铁之人——斯大林

1942年，苏联人民的反法西斯战争进入最艰苦的阶段，所有人把希望寄托在斯大林格勒。最后，苏联取得胜利，扭转了败局，而斯大林格勒和斯大林也被载入史册。

斯大林出身低微，父亲是一名普通的鞋匠，母亲是农奴的女儿，父母都是最普通、低微的劳动者。于是，母亲只能拼命工作赚取家用，供子女上学。

1888年，母亲在哥里镇教会小学做清洁工，并且把斯大林送进这所学校，希望他长大成为一名传教士。因为家庭困难，斯大林获得每月3卢布的助学金。这3卢布加上母亲的10卢布工资，就成为他们母子一个月的全部收入。虽然生活非常贫苦，可斯大林学习

▶ 斯大林雕像

非常认真刻苦，并以优异的成绩毕业。

之后，斯大林被学校推荐到第比利斯神学院读书，这里的学生思想进步。斯大林受到进步思想影响，阅读了大量进步书籍，开始参加反对沙俄和封建势力的活动。1898年秋，斯大林参加社会民主党组织的“麦撒墨达西社”，后被学校开除。1903年，他积极参加马克思主义运动，成为一名布尔什维克。斯大林表现非常积极，虽然多次被当局逮捕、流放，可依然坚持斗争。在斗争中，他积累了很多经验，也赢得了不小的名气，成为革命队伍的主力。

十月革命后，斯大林多次领导人民与反动政权进行斗争，影响力越来越大。1922年，第一次苏维埃代表大会召开，他提出了建立社会主义的主张。之后，列宁中风，病情迅速恶化。在选接班人时，列宁对斯大林持有怀疑态度，说他太过于粗暴、有很多缺点，并且建议他辞去总书记的职位。可事实恰好与列宁期望的相反。1924年1月21日，列宁逝世，斯大林被推选为总书记，成为苏联的最高统帅。

其间，斯大林开始计划经济建设，推行三个五年计划，促进了苏联经济的迅猛发展。但是新经济政策也存在很多弊端，如破坏农业生产，打击了农民的积极性。随着斯大林地位的巩固和苏联建设的发展，斯大林的威望越来越高。

第二次世界大战爆发前，苏联与法国签订著名的《互不侵犯条约》，希望能维护苏联的和平。可希特勒很快便撕毁条约，开始对苏联发起猛烈进攻。因为德国擅长闪电战，苏联未积极备战，处于劣势，大片领土被占领，德军甚至逼近莫斯科。之后，斯大林带领苏联人开始反击，经过艰苦卓绝的战争，终于扭转了局面。斯大林进行了行之有效的反击，不仅歼灭大量德军，还进入柏林中心区，把红旗插在德国国会大厦。

之后，他参加了雅尔塔会议，同时对日本宣战。可以说，斯大林和苏联都为反法西斯战争做出了巨大贡献。在斯大林的领导下，苏联很快就恢复了“二战”中遭受创伤的经济，使得苏联一跃成为世界上第二个工业大国。

1953年3月5日，斯大林在莫斯科克里姆林宫逝世，时年74岁。之后，人们把他安葬在红场，与列宁并列。这说明，在苏联人心中斯大林是伟大的领袖，贡献和地位足以和列宁相媲美。但是，1956年2月，赫鲁晓夫发表了否定斯大林的演说，斯大林成为苏联的“罪人”，名声和地位一落千丈，直到多年后才恢复。

斯大林是苏联历史上最具有影响力的领导人之一，毛泽东曾经评价斯大林，认为他“虽然犯了肃反扩大化和鼓励个人崇拜等重大错误，存在大国沙文主义倾向，但为苏联的建设、反法西斯胜利立下不朽功勋”，“他的一生是伟大的马克思列宁主义者的一生，是杰出的无产阶级革命家的一生”。可以说，这是对于斯大林的一生最为公正的评价。

轮椅上的巨人——罗斯福

富兰克林·罗斯福是美国历史上唯一的残疾人总统，也是唯一连任四届的总统。可以说，罗斯福是美国历史上非常独特的总统。

罗斯福被称为“公子总统”，是因为他是家中独子，从小受母亲宠爱，过着养尊处优的生活。西奥多·罗斯福——历史上著名的“大棒总统”是他的远房堂叔，他还娶了西奥多·罗斯福的侄女。

1882年，罗斯福出生于纽约的海德公园，父亲是当地著名的百万富翁，且家族显赫。他曾就读于格罗顿公学，之后又考上哈佛大学，4年后进入哥伦比亚大学法学院。毕业后，罗斯福进入律师事务所做律师，而且开始对政治活动产生极大兴趣。1909年，罗斯福竞选纽约州参议员，1913年出任海军助理部长，因为卓越的管理才能受到重用。

▲ 罗斯福绣像

1921年，罗斯福患上脊髓灰质炎，导致两腿瘫痪、卧床不起。病痛使他一度消沉，不过在妻子的鼓励下，他很快重新振作起来。经过积极的复健，他可以拄着双拐行动。虽行动不便，他依旧四处演讲，成功竞选纽约州长。

当时，西方世界爆发严重的经济危机，美国也陷入空前的经济危机。为了鼓舞人们，1932年4月罗斯福发表著名演说，希望人们能充满希望，战胜经济危机。之后，他被提名为民主党总统候选人，又提出实行新政。次年，罗斯福以绝对优势战胜对手，成为美国第32届总统。

当时，罗斯福已经50岁，他身材高大、肩膀宽阔，腿脚不便却精神矍铄，有着惊人的自信和积极向上的心态。他一上任就开始推行“新政”，并实行了卓有成效的立法活动。同时，为了促进“新政”的顺利推行，罗斯福在广播前进行了著名的“炉边谈话”，他语气亲切、轻松，用朋友的口吻和美国人民谈心，向人们讲解新

▲罗斯福纪念馆里的雕像

政的各项措施。如此一来，美国迅速摆脱经济危机，经济快速恢复，这使他获得广大人民尤其是普通阶级的拥护和支持。1936年，罗斯福连任总统。

罗斯福为反法西斯战争做出巨大贡献，在国际上拥有极大的影响力。“二战”初期，战火没有燃到美国本土，罗斯福采取了绥靖政策，名义上保持“中立”，实际上企图用牺牲他国利益的方式来缓和与法西斯的矛盾。同时，他希望利用法西斯对付苏联，以便消灭自己的对手。令他没想到的是，德国对美国也是虎视眈眈。

1940年6月，法国投降，英国大部分地区沦陷，欧洲乃至世界都陷入战争危机。为此，罗斯福不得不放弃绥靖政策，迫使国会通过《租借法》，为反法西斯联盟提供武器、粮食等物资。这标志着美国开始参战，加入反法西斯联盟。

之后，太平洋战争爆发，美国正式对日宣战。罗斯福积极开展外交活动，为反法西斯联盟的形成和扩大做出巨大贡献。他积极组织和参加各种国际会议，促进了美、苏、英三国联盟，也促进了战争的最后胜利。

1944年，罗斯福再次连任总统。可是身体越来越糟糕，于次年春天病逝于温泉镇。听闻这个消息，丘吉尔很悲伤，他赞扬了罗斯福的成就，认为他的去世是人类的一个巨大损失。即便是罗斯福的反对者也给予他很高的评价，说他是战时英雄，为美国做出了巨大贡献。

可以说，罗斯福为美国和世界和平做出了巨大贡献，是美国影响力最大的总统之一。

自由法国斗士——戴高乐

1940年6月18日，法国贝当政府向德国法西斯投降，法国彻底沦陷。法国人民蒙受亡国的耻辱，可是斗争并没有停止。第二天，戴高乐发表了“誓死抵抗”的演讲，说“无论是什么情况，法兰西抵抗的火焰绝不应该熄灭，也绝不会熄灭”。这一声音激励着法国人民与法西斯战斗到底，也标示着轰轰烈烈的“自由法国”运动开始了。

1890年，戴高乐出生于法国北部里尔城，从小就立志要报普法战争的仇，并希望有一天一雪前耻。19岁，他进入圣西尔军校，毕业后成为一名少尉军官。第一次世界大战爆发，戴高乐积极参战、英勇作战，多次被提拔，并获十字勋章。

之后，戴高乐积极活动，先后在军事学校教学，担任最高军事法院副院长、参谋、国防委员会秘书处职员等职务。其间他还研究军事理论，完成多部军事理论专著。他反对防守为主的传统理论，主张积极进攻，受到时任总理雷诺的赏识。1937年，戴高乐被提拔为上校团长。

第二次世界大战爆发后，戴高乐担任坦克旅旅长，之后被提拔为第四装甲师师长。他积极参与战斗，成功阻击德国军队的突袭。戴高乐主张积极进攻，强烈反对贝当政府的消极作战方针，并且拒绝在停战协议上签字。

▲ 戴高乐雕像

巴黎沦陷、贝当政府投降后，戴高乐出走英国，继续与德国进行战斗。1940年6月25日，他创建自由法国政府，最终带领法国人民把德国侵略者赶出法国，法国实现了解放。1944年8月22日，巴黎解放，3天后戴高乐回到巴黎，之后担任临时政府主席兼国防部长。

1954年，戴高乐开始隐退，从事《战争回忆录》的写作。1958年6月，戴高乐出任法国总理，提出加强总统权力和行政权力的新宪法。同年9月28日，法国进行全体公民投票，宣布法兰西第五共和国成立，之后戴高乐当选总统，并连任两届。他始终奉行独立外交政策，反对大国霸权。1962年，戴高乐结束法国对阿尔及利亚的殖民战争；1964年1月27日，法国与中国建立外交关系；两年后，法国退出北约。1969年4月，戴高乐竞选失败，开始隐退。

戴高乐为法国的独立和发展做出重大贡献，同时还留下丰富的军事理论著作，包括《剑锋》《未来的军队》《法国和它的军队》《战争回忆录》《希望回忆录》等。

1970年11月，戴高乐因心脏病猝发去世，并留下遗言：不要为我举行国葬。戴高乐是法国人心中的英雄，如贞德、拿破仑一样在法国人心中占据崇高地位。

第二辑

军事风流

两面神——亚历山大

2000多年前流传着一个传说：小亚细亚的一座神庙供奉着一辆古代米达斯王的战车。车轭上有一个错综复杂的绳结，若有人能解开它，便可以成为世界之王。有一天，一位年轻人一剑挥下，干净利索地砍开绳结。这个年轻人就是亚历山大，后来果真成为称霸亚欧大陆的伟大皇帝。

公元前356年，亚历山大出生于希腊半岛北部的马其顿，是国王腓力二世的儿子。马其顿原本是希腊北部的一个小城邦，因为地处偏远，贫穷落后。后来，在腓力二世的带领下，马其顿变得越来越强大，发展成为强大繁荣的王国。

亚历山大从小就聪明勇敢、博学多才，12岁时曾驯服别人不能驯服的烈马。13岁时，父亲请了亚里士多德来做他老师，教授他哲学、医学、科学等知识。亚历山大非常喜欢希腊神话，尤其是《伊利亚特》，最崇拜的人是英雄阿喀琉斯，希望能成为那样的英雄，创造辉煌的功绩。

公元前336年，腓力二世在女儿的婚礼上被刺身亡，亚历山大成为马其顿国王。此时，希腊各城邦、色雷斯、伊利里亚等地区的部落纷纷趁机反叛，有的城邦甚至直接宣布独立。年仅20岁的亚历山大非常有魄力，立即带领军队进行平叛，征服了伊利里亚部落，同时迫使色雷斯人退到多瑙河沿岸。

这时，底比斯人开始制造谣言，说亚历山大已经阵亡。这个消息引起巨大轰动，使得反马其顿的城邦纷纷起兵，国内一片混乱。底比斯是希腊诸城邦中最有实力的，亚历山大知道若是想要平定暴乱，就必须先征服底比斯。于是他当机立断，率军迅速南下，以最快的速度到达底比斯城。突袭让底比斯人惊慌失措，顿时乱了阵脚。很快，亚历山大攻陷底比斯城，把所有居民变卖为奴隶。

这起到了杀一儆百的作用，那些反叛者纷纷表示臣服，其中包括最强大的城邦雅典。自此，亚历山大统一希腊，成为希腊城邦联盟最高统帅。

之后，亚历山大开始对外征战，施展自己的远大抱负。亚历山大的第一个目标是强大的东方帝国——波斯帝国，而讨伐理由是波斯人曾经侮辱希腊圣地，还参与了谋杀腓力二世。出征前，亚历山大将所有财产、奴隶、畜群都赠予他人。一位将领迷惑不解，问他为什么不给自己留下些东西。亚历山大自信地说："希望！它将给我带来无尽的财富！"很快，亚历山大率领大军离开马其顿，踏上远征之路。

公元前334年春，亚历山大穿过达达尼尔海峡，率领浩浩荡荡的队伍开始东征。这支浩大的军队，包括步兵3万名、骑兵5000名和战舰160艘。可与波斯帝国相比，实力依旧相差悬殊。据说波斯帝国拥有数十万大军和大量军舰，而且波斯帝国疆域辽阔，控制着富足的埃及、巴比伦、腓尼基。

可亚历山大认为波斯帝国外强中干，虽然国土辽阔、军队庞大，但已经日渐衰败，内部更是四分五裂。同时，大流士三世昏庸无能，缺乏谋略和胆识，更没有坚定的意志。而马其顿王国气势正盛，全国人民团结一致，将士们士气高涨，必将获得战争的最后胜利。果然，亚历山大首战告捷，以少胜多，大败波斯军队，也击溃了敌军的士气和信心。之后，马其顿士兵锐不可当，一路向东挺进，攻克很多城池。很多波斯城邦不战而降，甚至临阵倒戈，加入攻打波斯人的阵营。

公元前333年夏，在伊萨斯城附近亚历山大与波斯军队展开激战，利用“马其顿方阵”大败大流士三世。两年后，亚历山大进军美索不达米亚平原，在加米拉与波斯军队进行大规模对战。双方力量相差悬殊，亚历山大只有4万步兵、7000骑兵，而大流士三世拥有

▲ 亚历山大雕像

100万步兵、4万骑兵、刀轮战车200辆，以及15头战象。

战前，亚历山大淡定自若，命令士兵们安卧休息、养精蓄锐；大流士三世却惶恐不安，命令波斯士兵整装待命，战战兢兢地度过一夜。结果，马其顿士兵精神饱满、士气高昂，波斯士兵无精打采、毫无斗志。亚历山大大败波斯百万大军，战胜了不可一世的波斯皇帝。

之后，亚历山大先后占领巴比伦、苏萨、波斯波利斯和矣克巴塔那，所到之处势如破竹。大流士三世屡战屡败，一路逃亡，最后被手下的一名总督杀死，尸首被弃于路旁。亚历山大发现大流士三世的尸体，命人把他送回波斯波利斯，安葬在波斯皇家陵墓。

不幸的是，亚历山大在征服巴比伦时突然感染恶性疟疾，很快就去世了。亚历山大突然死亡，根本没时间指定继承人，导致了马其顿王国的内乱。之后，王室为争夺王位刀戈相向，将领们纷纷拥兵自立。马其顿王国瞬间分崩离析，希腊各城邦纷纷独立，这个伟大帝国只维持了13年便彻底灭亡。

亚历山大缔造了一个横跨欧、亚、非三洲的庞大王国，促进了东西方文化的交流以及世界文化的发展。东方开始学习希腊文化，建造希腊式雕塑和建筑，西方也引进了东方的天文学和数学知识。同时，亚历山大的东征还开辟了东西方贸易的通路，促使东西方贸易的充分发展。他在埃及建造的亚历山大港，逐渐发展成为当地的商业中心，直到今天仍是埃及最大的、最著名的港口。

亚历山大具有卓越的军事才能，缔造了史无前例的庞大帝国，领土西起希腊、马其顿，东到印度恒河流域，南临尼罗河第一瀑布，北至锡尔河。亚历山大的功绩是前无古人的，对人类社会的发展产生了巨大影响。可以说，他是前所未有的伟大帝王之一。

战略之父——汉尼拔

公元前6世纪末，非洲北部的突尼斯有一个强大的奴隶制国家，它的名字叫迦太基。说到迦太基，就不得不说汉尼拔。他是世界古代史上最杰出的军事家、战略家、谋略家，可以与恺撒、苏沃洛夫和拿破仑等伟大的军事家媲美。

汉尼拔的父亲哈米尔卡·巴卡是迦太基的军事统帅，当时古罗马与迦太基发生了战争，结果迦太基战败，他发誓与罗马终身为敌。之后，他占领了伊比利亚半岛，想利用这里向罗马进攻。再之后，他征服了当地很多部落，并建立一支忠于自己的强大部队。汉尼拔·巴卡就在此时出生了，从小受父亲影响，对罗马怀有仇恨。

公元前228年，哈米尔卡去世，他的女婿哈斯德鲁巴尔成为新领袖，继续不断扩大事业。7年后，哈斯德鲁巴尔遇刺身亡，汉尼拔则成为新领袖。汉尼拔作战勇猛、身先士卒，与战士们同甘共苦，深受爱戴和拥护。他总是第一个进入战场，最后一个退出战场；他有顽强的意志，能吃苦耐劳。同时，他善于谋略，能先谋后战，善于利用诱敌之计，然后出其不意、攻其不备。他喜欢利用骑兵突袭敌人翼侧和后方，取得战场上的优势。

汉尼拔成为领袖后，便开始积极准备对罗马的战争。他制订了周密而详尽的作战计划，还秘密派人寻找联盟者，希望说服希腊城邦共同反击罗马。他没有直接宣战，而迫使罗马向自己宣战。他攻

▲ 汉尼拔战场图

打了罗马的同盟者——萨贡姆城，迫使它向罗马求援。当罗马元老院向汉尼拔发出警告时，他指责罗马干预萨贡姆内政，这让罗马愤怒不已。公元前218年，罗马中了汉尼拔的计谋，正式向迦太基开战。

公元前216年8月，汉尼拔与罗马执政官伊米里亚斯在意大利的坎尼展开激战，罗马兵力是迦太基的两倍。可是，汉尼拔利用以智取胜的战略，赢得了这次战役的胜利。汉尼拔采用了半月形阵形，故意把一部分兵力暴露给敌人，引诱敌人攻击中间部位。之后，他命令500名士兵假装战败投降，混入敌军内部。与此同时，他利用骑兵优势主动发起进攻，从两翼包抄切断敌军的后路，逐渐形成对敌军的包围。除此之外，汉尼拔还利用了天时和地利，面西背东进行布阵。中午时分，东南风突然刮起，把罗马军队吹得狼狈不堪、慌乱不已。汉尼拔趁机发起猛攻，使得罗马军队节节败退、损失惨重。

这时，那500名假装投降的士兵开始在罗马军队后方制造混乱，横冲直撞，四处冲杀。如此一来，罗马军队腹背受敌，内外受击，彻底陷入混乱。战斗从中午一直到傍晚，汉尼拔大获全胜，歼灭罗马军6万余人，俘虏约1万人。伊米里亚斯战死，除此之外，80名元老院议员也被杀死。据说，这次战斗使得罗马17岁以上1/5的男子战死，给罗马造成巨大损失。而汉尼拔只有很小的损失，伤亡还不到8000人。

此后，没有一位罗马将军能战胜汉尼拔，他成为战场上“不败的神话”。直到公元前202年，罗马将军大西庇阿出现，在扎马战役中战胜了汉尼拔。至此，汉尼拔“不败的神话”被打破，迦太基向罗马投降。大西庇阿一战成名，成为罗马人的英雄，被载入史册。

汉尼拔输了，但是在迦太基人心中依旧是至高无上的英雄，还成为执政官。罗马人深知汉尼拔的厉害，并且对他恨之入骨。他们开始散布谣言诬陷他，甚至逼迫迦太基交出汉尼拔，声称要把他押到罗马审讯。汉尼拔只能被迫逃亡，开始了长达13年的逃亡生活。

▲ 汉尼拔雕像

为了除掉汉尼拔，罗马人到处派兵追杀他。公元前182年，决心不落入罗马人手中的汉尼拔在被抓前，服毒自尽。临死前，他义愤填膺地斥责罗马人，说他们迫不及待地逼死一位老者。就这样，曾经驰骋战场的英雄，在晚年死于异国他乡。

公元前149年，罗马再度对迦太基宣战，3年后灭掉迦太基，并且彻底摧毁了迦太基城，进行了惨无人道的大屠杀。原本迦太基城有70万居民，最后只有5万幸存者，全部沦为罗马人的奴隶。至此，迦太基文明被彻底毁灭，随着时间的推移，它也逐渐被人们遗忘。

罗马帝国奠基者——恺撒

恺撒的名字，几乎无人不知、无人不晓。他是古罗马最伟大的领袖和军事统帅，一生征战无数，为后世留下不可磨灭的功绩。恺撒改变了欧洲的历史进程，建立了庞大、强大的帝国。他创建了儒略历，一直被欧洲绝大部分国家沿用至今。

恺撒的军事思想非常先进，被后世很多著名军事统帅效仿，包括拿破仑，直到今天仍受西方军事学家重视。除此之外，他还留下很多军事著作，包括《高卢战记》《内战记》《亚历山大战记》《阿非利加战记》等，为西方军事学发展做出了突出贡献。

恺撒出身罗马贵族，渴望成就一番事业，成为罗马最有权力的人。他积极学习演讲，成为当时最出色的演说家。他阅读了古希腊大部分经典著作，成为当时最有知识的人。他初生牛犊不怕虎，敢于控告罗马总督的贪污腐败，成为当时最有声望的人。

当时罗马内部矛盾重重，元老贵族和民主派间斗争激烈。同时，罗马存在严重的等级观念和人格歧视，罗马城外的人民享受不到公民权，却需要缴纳税收、承担义务。恺撒是积极的民主派，愿意为平民发声，更愿意接近平民。他四处演讲，积极反对元老贵族的专制和特权，赢得了平民的拥护和支持。

公元前60年，恺撒和庞培、克拉苏结成同盟，反对元老贵族。之后，恺撒还把女儿嫁给了庞培，使得三人同盟更牢固。第二年，恺撒成为罗马执政官，实现自己的理想——成为罗马享有最高权力的人。

公元前58年，恺撒担任高卢总督。3年后，他征服高卢，成为那里的最高统治者。但是，他并不得人心，高卢人频繁爆发起义。公元前52年春，高卢全境爆发一次大规模起义，起义军很快占领阿利细亚城。这里地势非常险要，易守难攻，而高卢人正是看中这一点，把它作为反抗罗马人的据点。为了攻下阿利细亚城，恺撒集结所有军队，准备与起义军决一死战。恺撒的军队团结一致、士气高涨，可与起义军相比仍明显处于劣势。

战前，恺撒命人在城池四周筑起一道坚固的工事，希望能抵挡住高卢人的进攻。战斗打响，高卢起义军里应外合，对罗马的工事发起猛烈进攻。无数高卢人蜂拥而至，罗马各军团遭到沉重打击，节节败退。之后，罗马旗手被砍倒，士兵们开始慌乱不已、阵脚大乱。罗马士兵绝望了，认为自己必死无疑，罗马必败无疑。

突然，高卢人的攻势变弱了，原本还疯狂攻击的高卢人开始四处逃散。只见恺撒带领骑兵绕到高卢人阵地后方，并且快速包抄过来。骑兵英勇杀敌，杀得高卢人措手不及、四处逃窜。最后，恺撒大败高卢人，攻下坚不可摧的阿利细亚城。恺撒利用骑兵出奇制胜的战略，以6万军队大败25万高卢大军，创下了以少胜多的军事奇迹，被载入军事历史。

虽然恺撒、庞培、克拉苏形成“三头同盟”，但是这同盟不可能持久。因为他们之间只是利益关系，各怀心思、相互利用。之后，克拉苏阵亡，平衡关系被打破，恺撒、庞培的矛盾更凸显出来。恺撒的女儿去世后，两人开始对立和争斗，关系变得剑拔弩张。为了夺取罗马的最高权力，恺撒和庞培展开了激烈争斗。

公元前50年，为了避免恺撒独裁，以庞培为首的贵族元老院撤掉恺撒高卢总督的职务，命令他遣散军队。恺撒拒绝执行这一决议，并且对元老院发起进攻。公元前49年1月，恺撒快速越过卢比孔河，以迅雷不及掩耳之势进驻罗马。庞培猝不及防，慌忙带着一些元老和两名执行官逃到希腊。同年11月，恺撒率领军队突袭希腊，之后与庞培在希腊的法萨卢展开决战。恺撒大胜，庞培逃到埃及，之后被埃及国王杀死。公元前46年，恺撒成为罗马真正的掌权者，也成为一名军事独裁者。

之后，罗马元老院变得有名无实，被迫授予恺撒“终身独裁官”。自此，恺撒成为罗马至高无上的人，实际上如同罗马的帝王。当时，恺撒受到平民的支持，因为他们认为他是平民利益的代表，并公开称他为“国王”。

▲ 恺撒雕像

随着恺撒个人独裁的深入，那些守旧派、贵族以及恺撒的政敌联合起来，想要秘密暗杀他。公元前44年3月15日，恺撒虽然已经听闻暗杀的传言，但根本没把这些人放在眼里，傲然地走进元老院。结果，他一进入元老院就被几名身藏短剑的刺客刺杀，而为首的竟是他的私生子布鲁图斯。最后，恺撒身中23刀，倒在血泊中。

恺撒是非常出色的军事家，多谋善断，善于把握战机、出奇制胜、巧妙布局，以扭转战局。他一生南征北战，在世界军事历史上留下不朽的功绩。他对罗马产生了巨大影响，17年后，他的养子屋大维创建罗马帝国，成为罗马帝国的皇帝。之后，罗马帝国成为欧洲最强大的国家，经济、文化达到空前繁荣。

“法国人的皇帝”——拿破仑

土伦，是法国极负盛名的城市，与拿破仑的名字有密切的关系。1793年，拿破仑在土伦战役中大获全胜，而它也开始闻名于世。当时，年仅24岁的拿破仑展现出超凡的军事才能，并且开始崭露头角。之后，拿破仑立下赫赫战功，成为法国最著名的军事家，还成为法兰西第一帝国的皇帝。

1769年8月15日，拿破仑·波拿巴出生于科西嘉岛的阿雅克修城，这里原本不属于法国，恰好这一年被划归法国管辖。他的父亲是当地颇有声望的律师，热衷于政治活动。

10岁时，拿破仑被父亲送进法国一所著名的陆军学校，虽然他在那里只学习了两年，但就是这两年，成为他思想形成、发展最关键的时期。当时，他阅读了伏尔泰、孟德斯鸠、卢梭等人的著作，尤其受卢梭影响最大。他认识到独裁者的危害，以及封建统治者的残暴、荒淫；人们必须进行战斗，彻底消除封建统治。只有这样，才能消灭森严的等级制度，建立一个自由、平等的社会，从而使得人们的生活和谐、幸福。

法国大革命后，拿破仑积极参加革命。拿破仑虽然掌握了丰富的军事理论，积累了丰富的作战经验，但没有展现才华的机会。他一直在科西嘉岛从事革命活动，组织并带领着一支国民自卫军，积极争取独立和自由。

▲ 拿破仑画像

当时科西嘉岛社会环境非常复杂，聚集着各种势力，他们彼此互相角逐、相互争斗。拿破仑失败了，最后不得不离开科西嘉岛，带着家人四处漂泊。1793年6月13日，24岁的他意气风发、斗志昂扬，为实现自己的理想而奋斗。而在英国人的支持下，保王党人疯狂地镇压革命，占领了法国南部的重镇土伦。为了夺回土伦，拿破仑开始向土伦进攻。可是此地易守难攻，防御工事异常坚固，而且敌人还加强了兵力防范。

经过谨慎的勘察和准备，拿破仑决定用强火力进攻土伦。他开始加紧修造大炮、训练炮兵，之后经过激烈交锋，终于大获全胜。拿破仑一战成名，从籍籍无名到远近闻名，军官们对他刮目相看。而这成为他一生中最重要的转折点。

1797年年底，法国击败欧洲几个国家的反法联盟，但是英国仍不甘心失败，顽固地与法军作战。为了打击英国在东方的势力，1798年7月拿破仑率军开始远征埃及。埃及马木留克骑兵采取游击战法，尾随法军伺机突袭，然后快速撤退，给拿破仑造成不小威胁。

经过10天急行军，拿破仑到达金字塔附近。此时，拿破仑内心非常清楚，埃及人想利用游击战拖垮自己，然后利用有利地形进行偷袭。于是，他决定将计就计，故意在金字塔下布设伏兵，吸引埃及军队主力，再将其全部歼灭。他把几百门火炮布置在东西两侧，命令士兵们散队游逛，让埃及军队放松戒备。然后，他骑上骏马，只带几个随从在金字塔周边游逛，故意挑衅敌人。他来到斯芬克斯狮身人面像前，高声喊道："斯芬克斯先生，你如此傲慢和神气，是否想尝尝我这火枪的滋味？！"说完，便朝着石像开了一枪。

果然，埃及人中计了，见拿破仑侮辱狮身人面像，义愤填膺地从南面冲杀过来。拿破仑镇定自若，等埃及骑兵靠近时才命令军队开始反击，与埃及人展开激战。经过激战之后，拿破仑大获全胜，斩杀数千埃及骑兵，活捉数千人，一举歼灭埃及主力部队。最后，埃及军队只剩下一小部分士兵，向南方逃散。自此，拿破仑占领埃及，并且占领其首都开罗城，成为统治这里的霸主。

1799年6月，拿破仑率领远征军攻打叙利亚，原本以为会大胜而归。可没想到，在攻打阿克尔要塞时，他踢到一块铁板，耗费多

▲ 滑铁卢战役图

时依旧久攻不下。此时，当地暴发严重的鼠疫，很多法军士兵感染鼠疫，死亡者日益增加。无奈之下，拿破仑只能计划从叙利亚撤军。

撤军时，拿破仑明确规定：除鼠疫患者外，不留下一名伤病员，全部士兵必须一起撤走。为了运送伤员，他还命令将领们把战马、车辆让出来，全体徒步行军。管理马匹的军官认为应该给拿破仑留下一匹马，便请示拿破仑留下哪一匹。拿破仑勃然大怒，严厉地训斥："全体步行！我也不例外！"这种身先士卒、一视同仁的精神深深打动全军将士，也鼓舞了士兵们的士气。正因为如此，法军才得以顺利撤军。

拿破仑具有非凡的军事才能，他征战一生，几乎很少战败。他指挥过很多著名的战役，如土伦之战、金字塔之战等。在称帝之后的10年里，他几乎每一场战役都大获全胜。可是，后来他遭遇了

▲ 拿破仑墓

人生中最大的一次失败，即滑铁卢之战。此役彻底改变了他的命运，不仅丢掉了皇帝的宝座，还被流放到圣赫勒拿岛。

因为后来他发动的战争绝大部分具有侵略性质，受到被侵略国家人民的顽强反抗。同时，他开始骄傲自大，甚至目中无人，导致指挥上出现失误。1821年5月5日，拿破仑病死在圣赫勒拿这个偏远的小岛。

拿破仑是法兰西第一帝国的创立者，是法国最著名的皇帝。他征战一生，展现出超凡的军事才能和指挥才能。他征服了欧洲大部分国家和领土，当然也遭到欧洲很多国家的反对和仇视。他为后世留下许多宝贵的军事思想，被称为“真正的军事艺术的巨匠”。

沙漠之狐——隆美尔

德国有一位将领，出身于普通家庭，具有杰出的军事才能。他就是德国陆军元帅艾尔文·隆美尔，在德国军事史上占据着非常重要的地位，立下赫赫战功。

隆美尔是第一次世界大战时期的传奇人物，带领德国装甲兵在北非沙漠纵横驰骋。他指挥军队神出鬼没，常常打得对手措手不及。他时常带着诡秘的微笑，犹如狡猾、机警的狐狸一般。因此，人们称他为“沙漠之狐”。

1891年，隆美尔出生于德国南部布伦兹的海登海姆镇，19岁便积极参军。战争爆发后，他作战英勇，多次因立下战功而获奖，很快被提拔为上尉。1919年以后，他先后担任连长、步兵学校战术教员、猎骑兵营营长、军事学校校长等职位。他作战经验丰富，且具有渊博的知识，根据实战经验写成《步兵进攻》一书。该书很受年轻人欢迎，且在军事历史上有重要位置。

之后，隆美尔被希特勒重用，先后被任命为警卫队长、装甲师师长以及许多军事要职。他军事思想先进，认为应该掌握主动权，否则就会处于被动地位；应该先发制人，用火力压制对方，如此才能取得胜利。

1940年夏，隆美尔就利用这一军事思想取得对法作战的胜利。同年6月5日，隆美尔的第七师想要渡过索姆河，向南继续进军。

当时，公路桥已经被法军炸毁，只剩下两座铁路桥和两座旱桥。想要顺利进军，隆美尔必须占领这四座桥。于是，他命令炮兵用猛烈的炮火压制法军，命令战车、步兵迅速通过，继续向南部进军。

之后，隆美尔用装甲车打头阵，步兵紧随其后，以每天70—80英里[1]的速度向南挺进。隆美尔所到之处，战无不胜，迅速占领第厄普、甚瓦勒雷和瑟堡等重要城市。在这个过程中，隆美尔俘虏盟军官兵将近10万人，而第七师仅仅死伤2000余人。自此，隆美尔成为北非战场的风云人物，而第七师也被誉为“魔鬼之师”。

1941年年初，隆美尔被提拔为非洲军军长，带领军队进攻的黎波里。当时，英军正处于换防阶段，后方补给出现问题，防范变得有些松懈；再加上英军主帅认为德军处于劣势，不会贸然进攻，便疏于防范。隆美尔抓住这个时机，决定对盟军发动突然袭击。3月15日，隆美尔急行军450英里，对穆尔祖赫展开猛烈进攻，打得英军措手不及，被迫撤到阿吉打比亚地区。而隆美尔乘胜追击，再次大败英军。

在隆美尔的进攻下，英军连连败退，不到两个星期连续后退400英里。因为指挥不当，英军中东总司令韦维尔被撤职。隆美尔展现出杰出的军事指挥才能，擅长出奇兵、以少胜多，使得盟军遭受很大打击。因为立下战功，隆美尔被破格提拔为元帅，成为德军中最年轻的元帅。

之后，隆美尔继续乘胜追击，10天内行军500多英里，占领埃及的阿拉曼。然而深入内陆，最容易导致战线过长、供给困难的问题，隆美尔的进攻也不例外。在兰尼加会战之后，隆美尔的军队补

1　1英里约为1.6千米。——编注。

给几乎中断，弹药严重缺乏，坦克和车辆的燃料也所剩无几。同时，因为长时间急行军，士兵们已经疲惫不堪、士气低落。为此，隆美尔不得不暂停进攻，开始整顿军队，等待补给救援。

此时，为了扭转败局，英国开始向北非增兵，并且运来大量的美国新式重型坦克。这使得北非战场局势发生转变，盟军开始慢慢占据优势，而隆美尔转为劣势。1942年10月23日，英军统帅蒙哥马利开始向隆美尔进攻，隆美尔深知英军若突破防线，那自己就会陷入重围，有被全歼的危险。为此，他放弃主动进攻战略，谋划如何安全撤军。

这一计划遭到希特勒的强烈反对，命令他坚守阵地、不得撤军。但是，隆美尔坚持自己的主张，悄然向后撤退。因为蒙哥马利过于谨慎，错过了进攻的大好机会。隆美尔顺利从埃及撤出，回到利比亚境内。这凸显了隆美尔的战略思维和卓越的军事眼光。

1943年11月，隆美尔被提拔为B集团军群司令，加强“大西洋壁垒”防御工事，使得德军防御工事大大改善。他积极加强海岸线的防守，在每一个存在登陆可能的滩头都架起登陆障碍物，同时在数千千米的海岸线埋设地雷。为了防备滑翔机着陆，他还在每一处空旷地竖立尖杵。

隆美尔还主张在海岸线布置装甲部队，用强火力压制盟军。同时，他积极部署兵力，切断盟军空军与战场的联系。然而，他的部署遭到大多数高级军官的反对，以西线统帅伦斯德的反对最为强烈。伦斯德认为应该对装甲师做纵深部署，如此一来，才能有效地打击盟军主力，保证装甲部队的机动性。因为双方争论不休、互不相让，希特勒便选择一个折中的部署——把装甲师分散布置在海岸线上，但距离海岸线有很远的距离。这个部署是一个致命的错误，导致德军大溃败。

1944年6月6日，盟军在诺曼底抢滩登陆，隆美尔虽拼死抵抗，但因为后援不足，最后全线溃败。盟军的飞机大炮火力威猛，德军损失惨重。隆美尔的汽车也被炮火击中，导致他身负重伤。同年10月14日，隆美尔被指控参与谋杀希特勒的行动，他选择以体面的方式——服毒自杀结束自己的性命。

沙漠之鼠——蒙哥马利

1976年3月25日，英国著名的军事家、杰出领导人伯纳德·劳·蒙哥马利去世，享年89岁。他是英国最著名的军事家，为英国解放和反法西斯战争做出了巨大贡献。

1887年11月17日，蒙哥马利出生于伦敦肯宁登区。他的父亲是牧师，全家生活在教区，他从小耳濡目染。蒙哥马利小时候非常淘气，文化成绩不好，但体育成绩超级棒。如此，20岁时，他以出色的成绩考入桑德赫斯特英国皇家军官学校。毕业后，他被分配到驻印度的英军皇家部队，担任少尉排长。

第一次世界大战时期，他参加战斗并多次立功获奖。他作战勇猛，多次受伤，甚至还差点送命。因为立下战功，战后被提拔为司令部上尉参谋。战争给他的人生带来很大影响，让他认识到军事的重要性。他认为军事应该是值得用一生去从事、研究和探索的事业。之后，他潜心研究战争理论和实践，成为一位出色的军事家，并立下赫赫战功。

从1920年开始，蒙哥马利先是进入正规军事学校学习军事理论，接下来又参加爱尔兰战争，然后又到参谋学院做教官。通过几年磨炼和实践，他积累了丰富的理论和实践经验，为之后担任高级指挥官奠定了良好基础。

“二战”爆发后，蒙哥马利被任命为第三师师长，率部队前往法国和比利时与盟军并肩作战，与法西斯德国进行战斗。之后，英国远征军接连溃败，他只能跟随远征军从敦刻尔克撤回英国。之后，他先后被提拔为军长、东南军区司令，负责培养军官、训练部队。1942年上半年，英军在远东战场遭遇大溃败，很多重要的城市被攻陷。为了收复失地，蒙哥马利临危受命，出任英国驻北非第八集团军司令，与隆美尔作战。

蒙哥马利为人谨慎，注重战略、战术的结合。为了扭转败局、获得胜利，他亲自制订了全歼德国“非洲军团”的计划，并且力求做到事必躬亲、细致周到。这次作战计划的目的是骗过隆美尔，表面上对阿拉曼南面进行佯攻，实际上攻击阿拉曼北面地区。因为战前隆美尔加强对英军阵地的空中侦察，蒙哥马利秘密组织地面装甲部队撤退，并且一夜之间全部撤出阵地，还布置了假目标以骗过隆美尔。结果，隆美尔真的没有察觉，蒙哥马利获得了有利战机。

10月23日深夜，阿拉曼决战打响，英军锐不可当，连连胜利，而德军则节节败退，损失惨重。战役结束后，蒙哥马利俘虏德军数万人，还俘虏了隆美尔的助手冯·托马将军和4名意大利将军。这一战，蒙哥马利声名大振，被誉为“沙漠之狐”的捕手，而隆美尔也遭遇北非战场的第一次惨败。

阿拉曼大捷扭转了英军在北非战场的劣势，鼓舞了英军和盟军的士气。消息传到英国后，首相丘吉尔非常高兴，赞扬了蒙哥马利的军事才能，并且敲响钟声为英国人民报捷。蒙哥马利受封爵士，被提拔为陆军上将。第二年，他又被任命为元帅，并被封为阿拉曼子爵。

蒙哥马利最善于阵地战，其作战风格很像英国的惠灵顿公爵。作战前他会积极部署、精心谋划，制订完备的作战计划、进攻步调，但是这样也容易陷入不懂变通的误区。众所周知，巴顿将军作战灵活、善于变化，在西西里战役中就突然改变计划，直接进攻巴勒莫，然后再回身进攻墨西拿，以出其不意大获全胜。如果换成蒙哥马利，他是不会这样做的，因为他认为既然制订了计划，那么就必须按部就班——直接拿下墨西拿，才能获得最后胜利。

可之后他采取了迂回、回旋的作战计划。诺曼底登陆后，蒙哥马利没有直接占领卡昂城，而是在其周边回旋。结果，德军主力和全部的装甲部队被蒙哥马利吸引，美军乘机发动“眼镜蛇”作战计划，从侧面发起进攻，快速突破德军防线，拿下了卡昂城。虽然这次战略非常成功，但是巴顿、布莱德雷等将领认为这不符合蒙哥马利的作战思想，认为他之所以不进攻卡昂城，很可能是攻不下。也就是说，他所谓的变通和回旋，不过是给自己无法攻下卡昂城所找的借口。

除了不善于变通，蒙哥马利还存在很多问题。比如，他过于谨慎，缺乏突进的魄力。就是因为过于谨慎、不敢进攻，才使得隆美尔在供给、弹药严重不足的情况下顺利撤军。同时，他能突破敌军的防线，却没有孤军深入的勇气和魄力；他不善于兵出奇招、险招，从而不能彻底消灭敌人。市场花园行动就是如此，他迫使敌人不断后退，但因为不敢突进、冒险，错失了全歼敌军的大好机会。蒙哥马利和巴顿长期在一起作战，巴顿就觉得他太没有胆量和气魄，甚至有些看不起他。

“二战”结束后，蒙哥马利先后出任英军总参谋长、北大西洋公约组织欧洲盟军最高司令部最高副统帅。蒙哥马利是英国最著名的军事统帅，也是英国历史上服役最长的将领。他为人们留下了很多军事著作，包括《蒙哥马利回忆录》《战争史》《通向领导的道路》等。

1958年，他从军队退休，开始参加政治活动。1960年、1961年他先后两次访问中国，与毛泽东主席和周恩来总理进行友好会谈。

一代老兵——麦克阿瑟

第二次世界大战期间美国只有3人获得五星上将军衔，分别是马歇尔、艾森豪威尔和麦克阿瑟。而这3个人中，只有麦克阿瑟久经沙场、战功赫赫，具备丰富的实战指挥经验。

麦克阿瑟是将门之后，父亲老麦克阿瑟曾指挥过美西战争，后担任驻菲律宾军事总督。老麦克阿瑟在美军中享有很高的声望，好几任陆军参谋长都是他的下属或门生。良好的出身，让麦克阿瑟在仕途上顺水顺风，得到众多人的支持和青睐。当然，麦克阿瑟之所以卓有成就、建功立业，并非全靠家族的荣耀和庇佑，更重要的是他真的有军事才能，是一位少有的军事天才。

麦克阿瑟以优异的成绩考入西点军校，在校期间表现出色，连续3年都名列第一，毕业时还担任学员队长。据说在西点军校历史上，既是第一名又是学员队长的只有3人，其中一位是南北战争时期南方军总司令罗伯特·李将军。罗伯特·李是美国军事历史上的传奇人物，被誉为军事天才。因此，在早年时期麦克阿瑟就备受瞩目，成为美国军界的佼佼者。

军校毕业后，麦克阿瑟曾经被派往菲律宾服役，还曾在罗斯福手下任职。第一次世界大战期间，麦克阿瑟被任命为“彩虹师”师长，前往法国参加大战，因为作战勇敢、多次立功被提拔。战后，麦克阿瑟被任命为西点军校校长，成为该校创建以来最年轻的校长。他教育学生们应该懂得责任、荣誉和国家，时刻把这三点记在心中，并且对军校进行了改革。改革不仅给西点带来活力，还实现了军事教育的改革。直到今天，他的改革还具有深远的影响。

1930年到1935年，麦克阿瑟出任美国陆军参谋长，后被调往菲律宾，先后任菲律宾总统军事顾问，菲律宾陆军元帅、司令。珍珠港事件爆发后，麦克阿瑟被美国召回，担任远东军总司令、太平洋西南地区总指挥，指挥美军在太平洋的“跳岛计划”。

他不主张正面攻击的作战计划，认为应该采取机动作战的策略，以便突破敌人内部防线，摧毁日本所谓的“大东亚—南海共荣圈”。他认为应该利用海上舰队支援空军和陆军，海陆空联合进攻；出其不意地进行大规模进攻，歼灭敌军主力；避免与敌军硬碰硬，避免攻击日本坚固据点；空军应该掩护陆军，陆军应该采取灵活战术，进行跳跃性进攻；应该出奇制胜，从后方和侧翼进攻，切断敌军的补给线。

之后，他借助海军、空军来运载陆军和海军陆战队，越过那些不重要的岛屿，利用“蛙跳”的方式进攻那些重要目标。他借助澳大利亚、菲律宾、印度尼西亚等岛屿，直接跨越无数个岛屿，攻入日本国土。正因为采取了避强击弱、大步跨越岛屿的作战计划，美军才赢得了太平洋战场的胜利。同时，这一战略不仅节省了大量人力、物力，还使得美军规避了日军主力，伤亡大幅度减少。

日本无条件投降后，麦克阿瑟被任命为驻日本盟军最高统帅，负责对日本的管理和改造。改造日本期间，他大力改革日本的政治制度、经济制度并制定新的宪法。这一系列改革，促进了日本的社会稳定、经济发展，对日本实现现代化起到积极的促进作用。

麦克阿瑟具有超凡的军事才能，最善于出奇制胜。在太平洋战争中，“跳岛作战”展现了其出色的战略、战术思想，以及创新精神，不仅充分发挥了海空部队的机动性优势，还避强击弱、以少胜多，展现出高超的军事指挥艺术。而仁川登陆，麦克阿瑟也是出其不意，利用逆向思维，快速扭转了战场局面。

麦克阿瑟具有卓越的才能，同时也有很多显著的弱点。他曾经打过很多败仗，是因为他过于自信、轻敌，甚至到了狂妄的地步。他的自信和优越感来自他的出身、他的才华，以及他的一帆风顺。同时，他非常渴望荣誉和成功，迫切想要表现自己，因此表现得有些突进。

麦克阿瑟是美军最出色的将领之一，也是获得勋章最多的人。他渴望荣誉，同时也不吝啬给下属荣誉。虽然他有一些缺陷，但是这不影响他成为一名出色的军事家，更不会影响他的卓越战绩。

▶ 麦克阿瑟雕像

铁胆将军——巴顿

乔治·巴顿是美国一位卓有才能的将领，他能征善战，好像非凡的斗志和勇气与生俱来；他有出色的军事指挥才能，建立了赫赫战功。他是军事历史上一颗璀璨的将星，犹如星星般闪耀夺目。

1885年11月，巴顿出生于美国加利福尼亚州的军事世家，曾祖父是独立战争时期的一位准将，祖父和父亲都是出色的将领。巴顿从小就耳濡目染，再加上继承了祖辈的良好基因，对军事非常感兴趣。1904年6月，巴顿考入西点军校，身材高大、神色坚毅的他在新学员中尤为突出。

他在橄榄球、田径、剑术方面都非常出色，但是数学成绩并不好，还因此留级。巴顿心怀大抱负，认为自己定能建功立业。为了成为伟大的人物，他宁愿忍受任何痛苦和折磨，甚至不惜牺牲。为了实现远大梦想，他时刻想着发奋努力、刻苦学习，从来不敢松懈，因此在军校成绩优异。

他发誓让自己无所畏惧，认为只有无所惧才能让人勇猛无畏。为此，他把杰克逊的名言——不让恐惧左右自己，作为座右铭。为了战胜恐惧，他下定决心锻炼自己，尝试别人不敢尝试的东西。骑术训练和比赛时，他总是挑选最高的、最难以翻越的障碍。射击训练时，他好几次都突然站起来，把头伸进火线区。当父亲责备时，他毫不在乎地说：“我只是想锻炼自己，让自己克服恐惧。只有不再胆怯，才能勇敢无畏！”军校毕业后，巴顿被提拔为骑兵少尉，作战勇猛、身先士卒。

“一战”爆发后，他跟随约翰·潘兴前往墨西哥镇压当地的农民起义，因为作战勇猛而立下不少战功，从而被提拔为中尉。美国参战后，巴顿跟随远征军前往法国。之后，他负责建立美军第一个装甲旅，指挥和训练装甲部队，多次受到上级嘉奖。在圣米歇尔会战中表现突出，很快被提升为上校。

“一战”结束后，人们开始高兴地迎接和平。巴顿却感觉失去了生命的意义，因为他始终认为自己为战争而生。“二战”爆发后，他的好战之心再次燃烧起来，好像回到慷慨激昂的年轻时代，迫切想要重新回到战场。1940年，巴顿终于实现多年的梦想，在本宁堡组建装甲旅，先后被任命为装甲旅旅长、第二装甲师师长，之后又升任少将，成为美军著名的装甲专家。

1942年11月，美军在突尼斯境内遭到德军重击，接连大溃败。为扭转局面、鼓舞士气，艾森豪威尔命令巴顿接管美军，率军队参加北非的登陆战役。短短十几天，在巴顿的带领下，美军将士士气高涨、斗志昂扬，先后收复许多失地，还快速占领摩洛哥。次年，他带领美军进攻西西里北岸，每战必捷，以惊人的速度攻下巴勒莫。因为指挥得当，他比蒙哥马利先进入巴勒莫，并且大获全胜。这使得巴顿在北非战场声威大震，让同盟国和德军对他刮目相看。

正当巴顿如日中天时，他犯下了严重的错误，被指控两次殴打士兵。这在美国军内和国内引起很大轰动。最后，在马歇尔、艾森豪威尔等人支持下，巴顿才渡过危机，没有被撤职。

1944年1月，巴顿参加诺曼底登陆。可是登陆后，盟军只能在沿海活动，挺进速度缓慢。为了扭转这个局面，巴顿受命发动“眼镜蛇”行动，促使盟军突破德军防线，开始进行大面积快速挺进。之后，巴顿又率领美军来到莱茵河畔，强行渡过莱茵河，直接攻入柏林，摧毁希特勒的老巢。

巴顿是美国著名的将领，创造了美军历史上的奇迹。他性格豪迈、直爽，看似做事粗犷、不假思索，实际上行事并不鲁莽、粗暴。他善于决断，但行动前总能深思熟虑、做精确的谋划；他粗中有细，绝不会贸然行事。正因为如此，他才能无往不利。

巴顿是狂热的战争分子，渴望战争、热爱战争，认为自己就是为战争而活。他曾说：“与战争相比，人类的一切奋斗都相形见绌！”“上帝啊！我是如此地热爱战争！”他认为军人最好的归宿就是在大战的最后时刻，英勇、干脆地死去。

可是，命运就是爱捉弄人。巴顿希望死于战场、死得轰轰烈烈，最后他却因车祸而去世。不过，他也是幸运的，因为战争结束后他便故去了。这对于为战争而活的他来说，也是一种安慰。

军人政治家——艾森豪威尔

美国很多著名将领都有不错的出身，如巴顿、麦克阿瑟，可艾森豪威尔并非如此。艾森豪威尔出生于美国得克萨斯州一个贫穷家庭，没有军方背景，也没有显赫的家世。可是他凭借出色的军事才能和个人奋斗，成为美军历史上最为著名的将领之一。

21岁时，他考入西点军校，毕业后被分配到第19步兵团，军衔为少尉。之后，他先后在第57步兵团、佐治亚州的军官训练营任职。他非常有远见，认为战争中坦克和飞机对于胜利有至关重要的作用。所以，他组建了美军第一个坦克训练营，被授予少校军衔。之后，他又因为表现出色，到陆军坦克学校学习，很快被提拔为中校。

▶ 1美元硬币上的艾森豪威尔头像

在美军历史上，艾森豪威尔是一个充满戏剧性的传奇人物，也是晋升最快的将领。从1921年到1939年12月，他先后担任第15步兵团副团长、第3师参谋长、第9军参谋长、第3集团军参谋长等职务，军衔从中校升为准将。同时，他还多次到军事高等学校深造，学习军事理论，掌握了丰富的军事理论知识。他受到麦克阿瑟的器重和青睐，并且曾跟随麦克阿瑟前往菲律宾，组建菲律宾的军队。

珍珠港事件爆发后，美国正式对日本宣战。之后，艾森豪威尔被任命为美军参谋部作战处处长，负责拟订欧洲盟军的联合作战计划。很快，他又被任命为欧洲战区盟军司令、盟国远征军总司令，前往北非指挥盟军在北非的军事行动。

艾森豪威尔到达北非之后，盟军进行了一系列反击行动，逐渐开始收复失地、占据主动。1942年11月8日，艾森豪威尔命令盟军分别在阿尔及尔、奥兰和摩洛哥登陆，然后迅速向内陆挺进，迫使德军退出突尼斯。一系列战略部署体现了他卓越的军事指挥才能，而北非的成功登陆为盟军的军事部署以及最后胜利创造了有利条件。与此同时，美军在北部占领了比塞大港，德意军面临进退维谷的境地，只能选择投降。至此，盟军在北非取得彻底胜利，肃清了法西斯的全部军队。

接下来，便是诺曼底登陆。艾森豪威尔成功地指挥了“二战”中最大的登陆战役，不仅对盟军胜利起到重大作用，还对于之后的登陆作战提供了军事指导。

1943年12月，艾森豪威尔作为盟军最高统帅，指挥百万大军准备全面反击。1944年春，他制订了代号为“霸王行动”的登陆作战计划，这个计划非常完备、精妙，体现了其出奇制胜的作战思想和谋略。为了蒙蔽德军，他命令巴顿军团进攻英格兰东南地区，假装在加来登陆。而实际上，盟军的五个主力师积极准备，秘密地在诺曼底登陆。

当时正值夏季，天气恶劣，海上狂风大作、恶浪滔天。但是盟军战胜了恶劣天气，成功地在诺曼底抢滩成功，初步完成“霸王行动”的登陆计划。之后，盟军陆续登陆，利用装甲部队向内陆挺进，虽然挺进异常艰难，但在6月12日前在奥马哈滩头形成了一个长80千米、纵深13～19千米的牢固的登陆场。这保证了盟军登陆计划的最后成功，促进盟军全面反击的顺利进行。

为了庆祝登陆成功，美军总参谋长马歇尔和英国国王前来视察阵地，高度赞扬了艾森豪威尔的指挥才能，说他完成了几乎不可能完成的任务。

艾森豪威尔不仅具有高超的军事指挥才能，还具有出色的外交才能，是一名具有政治眼光的军事家。作为盟军最高军事统帅，他很好地协调了英、法、美众多杰出将领的关系，既维护了各国之间的友好合作，又维护了一个统帅的威严。众所周知，丘吉尔是一个喜欢干预战场指挥的元首，他手下的英国将领受他限制，需要听从他的指挥。而艾森豪威尔很好地解决了这个问题。

同时，艾森豪威尔还是一位具有人格魅力的领导者。诺曼底登陆之后，他在国际上的声誉达到顶峰。可是，他毫不骄横、霸道，始终保持着低调谨慎、谦恭有礼的姿态，能够听取他人意见。他给予将领们充分的权限和自由，可若是遇到原则性问题，也会坚持到底，绝不退后一步。

比如，他坚持亲自控制英国战略空军，坚持使用空降部队。即便很多将领提出反对意见，他依旧按原计划执行。再如，盟军占领德国之后，丘吉尔强烈要求他与苏联红军争夺柏林，不能把柏林让给苏联。他却顶住丘吉尔的强势施压，坚决退出柏林，不与苏联红军发生冲突。正因为他坚持原则、顾全大局，并且有敏锐的军事和政治眼光，才领导盟军取得反法西斯战争的最后胜利。

“二战”结束前，艾森豪威尔荣获“五星上将”军衔。当他从欧洲战场凯旋时，美国人民表示热烈欢迎。之后，他代表美国访问苏联，与斯大林一起站在红场上检阅部队、观看演出。

1952年，艾森豪威尔退伍，之后当选美国总统，并连任两届。他是美国历史上评价最好的前10名的总统，也是唯一荣获五星上将的总统。他戎马半生、战功卓著，既是一位出色的军事家，也是一位卓越的政治家。

第三辑

思想圣哲

哲学之王——柏拉图

希腊是一个沿海国家，海岸线犬牙交错，内陆则遍布崎岖不平的高地平原。在地图上，希腊像一只骨肉如柴的手，弯曲的手指延伸到地中海。希腊的南面有一座巨大的岛屿，它的名字是克里特岛。公元前2000年，希腊从这座岛屿取得文明的种子，成为西欧最为古老和强大的联邦。而处于希腊东面的雅典发展最为迅速，成为当时最强大的城邦之一，也成为希腊乃至西欧的文化中心。

公元前427年，雅典诞生了一位伟大的哲学家——柏拉图。他是古希腊最著名的唯心论哲学家，是西方哲学史上第一个创立唯心论哲学体系的思想家。据说柏拉图并不是他的真实姓名，是因为他宽宽的额头而获得的“绰号”。柏拉图的哲学思想绝大部分体现在其著作《理想国》一书中，对于后世哲学发展产生了非常重要的影响。

柏拉图出身于雅典贵族，从小接受良好的教育，他阅读广泛，掌握了古希腊多方面知识。同时，他非常爱好和擅长体育，曾经参加科林斯地峡运动会，两次荣获奖牌。18岁时，柏拉图参军，参加了著名的伯罗奔尼撒战争，而且因为立下战功而获得奖赏。

柏拉图对哲学非常感兴趣，十几岁就开始阅读毕达哥拉斯派与爱利亚派的哲学著作，并且深受这两派哲学思想的影响。20岁时，柏拉图拜著名大哲学家苏格拉底为师，潜心研究哲学，成绩显著，成为苏格拉底最得意的弟子。

苏格拉底在当时非常有名，深受青年人的支持和拥护。柏拉图非常尊敬苏格拉底，并且深受其思想的影响。苏格拉底在晚年时积极反对直接的民主政治、反对群众参与政治，因此他被雅典人痛恨，被判处死刑，关押在雅典的大牢里。其间，柏拉图积极想办法营救老师，因此也受到民主派和雅典人的仇视。苏格拉底死后，柏拉图和其他弟子纷纷逃离雅典，到国外各地游历。他在外流亡很长时间，曾经流亡到西西里、意大利、埃及等地区和国家。

苏格拉底被处死，柏拉图受到沉重的打击。之后，他开始继承老师的思想，反对民主政治、反对平民参与政治。他认为每个人都应该做符合自己身份的事情——农民的本分是种好田，手工业者的本分是做好手工，商人的本分是做好生意。平民有平民的本分，贵族有贵族的本分，管理者有管理者的本分，各安其分、各尽其责才能使国家发展好。

他说："我们做鞋子会找手艺好的手工业者，生病会请医术高超的良医，那为什么治理国家就随便找一个平民？这难道不荒唐吗？"因此，他认为治理国家是上位者的事情，主张平民就应该安分守己，不能参与政治，否则就会导致国家大乱。

在海外游历期间，柏拉图积极宣扬自己的政治主张，希望能实现自己的政治理想。公元前388年，他来到西西里岛的叙拉古城，企图说服统治者建立一个由哲学家管理的理想国，但是并没有成功。返回途中，他因为得罪人被抓捕，后不幸被卖为奴隶，朋友花了很多钱才帮他恢复自由。

后来，柏拉图回到雅典创立学校，开始从事教育工作并著作编书。他对于学生的选择很严格，声称不收不懂几何的人。他在学校开设四门课程：数学、天文、音乐、几何学，并且教授学生们自己的政治哲学。他提倡学以致用，后来他的很多学生在希腊各城邦从政，因此他的学校被称为“政治训练班”。

他的学校成为古希腊哲学研究的中心，促进了古希腊哲学的发展。他不相信现实世界，主张人们应该生活在虚拟的、主观的世界里。他认为画在沙子上的三角形随时可以抹去，可是主观世界的三角形是永恒的，不会因为时间、空间的限制而消失。

由此可以看出，柏拉图哲学体系的核心是理念论，是唯心的。他认为除了物质世界，还存在着感觉世界、理念世界。理想世界是物质世界之外的，是真实的、永恒的。而物质世界是不真实的，只是人们大脑中理念世界的模糊反映。

他认为先有理念世界，然后才有物质世界。也就是说，先有桌子的理念，现实生活中才有各种各样的桌子；先有房子的理念，现实生活中才有各种各样的房子。显然，这否定了物质的真实性，否定了客观世界的真实性，是真正的唯心论。

他认为现实世界中的很多事物是否美，取决于你理念世界中那个绝对的美。换句话说，当你认为一个事物美，内心已经产生了一个美的原型，它才是真正的美，才是永恒的美；美的原型只有一个，是唯一的、最真实的，现实世界任何美的事物都只是它模糊的反映。同时，他还认为先有美的原型或理念的美，才有各种事物的美；美的原型是无法比拟的，任何事物的美都不过是对于前者的模仿。

同时，他认为人的理念知识是与生俱来的，并不是因为后天学习和实践而获得。人存在灵魂，灵魂在降生前就存在，而且是不朽的，可以不断重生。也就是说，人死后会转世，灵魂会再次投生。

人的理念知识就是灵魂的重要组成部分。只是人死去后，灵魂也失去自由，人们会忘记前生的经历和知识。当人们学习知识时，就会慢慢地恢复记忆，记起之前的知识。因此，他认为，人们获得知识的过程，其实就是回忆知识的过程。

柏拉图还认为并不是所有人都能重新获得记忆，全部回忆起之前的知识。很多人会遗忘之前的东西，无法真正掌握真知。只有像哲学家这样有天赋的少数人，才能重新获得记忆，具有不朽的灵魂，掌握永恒的真知。因此，他主张让哲学家成为统治者，管理和统治国家，或是让统治者学习哲学家的思想，否则很难治理好国家。这就是他“哲学王”的思想，也是《理想国》的思想核心。

《理想国》是柏拉图影响最为深远的著作，也是他哲学思想的集中体现。它主要探讨如何建立一个理想国家的问题。他认为国家就是无限放大的个人，而个人就是无限缩小的国家。人必须有三种品格：智慧、勇敢、节制。统治者应该有智慧；军事人员应该勇敢；平民应该有节制。只有这三种人相互协调合作，各就其位、各谋其事，才能管理和发展好国家。柏拉图认为，前两种人应该掌握权力，但是不能有私人财产；而平民可以有私人财产，但是不能掌握权力，不能参与政治。

▲ 柏拉图雕像

其实，柏拉图的“理想国”，

只不过是空想的乌托邦。他显然也意识到这一点，但他认为，即便理想国现在不是真实存在，所有国家都应该向它看齐，努力效仿。当他的“理想国”不能实现时，他便开始退而求其次，希望能建立“二等理想国”。柏拉图曾先后两次前往西西里，希望能说服叙拉古国王，但是都以失败告终。

柏拉图的哲学理想虽然并未实现，但是他的政治思想具有非常深远的影响，对后来新柏拉图主义以及文艺复兴时期的乌托邦主义都产生了巨大影响。

他为后世留下了许多哲学著作，大部分是对话体，包括《辩诉篇》《曼诺篇》《理想国》《智者篇》《法律篇》等。其中《理想国》是哲学历史上的经典。同时，他在文艺、美学等方面也有突出成就，他的文笔妙趣横生、想象丰富，具有很高的文学价值。

古代的黑格尔——亚里士多德

2000多年前雅典兴起一个哲学流派，被称为“逍遥学派”。为什么会如此称呼？因为他们每个人都向往自由自在，洋溢着快乐和热情。

在学院里，老师身穿长袍，带着弟子们在绿树成荫的道路上一边散步一边讲学。学生们快乐地跟随着老师，一边倾听老师的讲学，一边思考提问。有时他们会争论不休，有时还会热烈地讨论。而这位老师就是著名的哲学家亚里士多德，被誉为古代西方世界最博学的人。

公元前384年，亚里士多德出生于色雷斯的斯塔吉拉城，父亲在马其顿王室做御医，他从小就时常出入王室。他是柏拉图的学生，跟随柏拉图学习哲学思想。后来，他成为柏拉图学校的老师，教授哲学课程。公元前347年，柏拉图去世，亚里士多德前往小亚细亚讲学，并成为亚历山大的“家庭教师”。

再后来，他来到雅典的里克昂，开始开办学校，教授哲学。其间，他把全部精力都投入教育和研究各种学问上，成为当地最著名的学者。亚里士多德收了很多学生，与学生们专心研究各种学问，尤其是生物学和历史学。同时，他还积极著书立说，完成了大部分著作，其中包括《工具论》《形而上学》《物理学》《伦理学》《政治学》《诗学》等。

▲ 亚里士多德雕像

亚历山大大帝去世后，希腊各城邦开始反叛，雅典也参加反对帝国的统治。作为亚历山大的老师，亚里士多德被攻击和判刑，之后被流放到希腊的哈尔基斯。不久，他就身染重病，第二年就去世了。

他是古希腊哲学思想的集大成者，在考察和总结以往哲学成就的基础上，形成了自己独特的哲学体系，使得古希腊哲学达到了顶峰。

他曾经说过一句话：吾爱吾师，但吾更爱真理。他是这样说的，也是这样做的。虽然他是柏拉图的学生，但是并不支持老师的唯心主义观点，甚至反对和批判了唯心主义的理念论。他的思想具有自发的辩证性，认为具体事物是由质料因、形式因、动力因和目的因四种原因构成；具体事物不存在无质料的形式，也不存在无形式的质料；质料与形式因相结合的过程，就是潜能转化为现实的过程。这就是著名的“四因说”。同时，他还认为一般和个别是相互联系的，一般不能离开个别而存在；理性的知识是高贵的，理性的发展是教育的最终目的。

但是，他的哲学思想还是有些唯心主义倾向，他认为“形式”是具有积极能动性的；感觉在认识事物的过程中非常重要，感觉决定思维；形式是一切事物的最终目的，是运动的最终原因。由此可见，亚里士多德的思想存在局限性和矛盾性，既有自发的辩证法思想，又有唯心主义倾向。他根据这个思想创立了形式逻辑学，希望把思维形式和存在联系起来，利用客观实际来研究和阐述逻辑学方面的问题。他提出了逻辑思维的概念，这种思维方式贯穿他的研究、统计和思考。

亚里士多德非常重视科学的发展，把科学分为三种：一是理论的科学，包括数学、自然科学和哲学；二是实践的科学，包括伦理学、政治学、经济学、战略学和修饰学；三是创造的科学，即诗学。他在所有科学方面都有卓越的研究，提出了独到的见解，对后世的科学发展有深远的影响，被马克思誉为“古代最伟大的思想家”。

亚里士多德为后世留下了很多不朽的著作，他的出现标志着希腊科学史一个重要的转折点。他创立了形式逻辑学，丰富和发展了哲学的分支学科。他研究和讲授的内容几乎囊括了当时所有知识领域，包括哲学、伦理学、经济学、政治学、自然科学、教育学等，因此他被誉为古希腊百科全书式的学者，是历史上最伟大的哲学家、科学家和教育家。

同时，他对于整个西方思想都有非常巨大的影响，他的著作被翻译成英语、拉丁语、叙利亚语、阿拉伯语、意大利语等多种语言，在西方世界广泛流传。可以说，在中世纪的欧洲，亚里士多德一直影响着人们的思想，以至于达到人人膜拜的地步。他的著作和思想就好像明灯一般，指引人们前进的方向。

虽然亚里士多德的学说现在已经过时，但是他研究问题的思维和方法仍值得后人学习、借鉴。他提出逻辑思维的方式，让人们更善于进行演绎、推理；他提出想要得出结论，就必须进行实验和逻辑推理；他还提出应该用理性来思考，主张人们不应该受任何神的思想支配……

近代政治学之父——马基雅维利

尼科洛·马基雅维利是意大利著名的政治思想家、历史学家，被誉为近代西方政治学的奠基人。500多年前，他向统治者阐述了自己的政治思想，直到今天，整个世界还受其思想理论的影响。

1469年，马基雅维利出生于意大利佛罗伦萨的一个名门望族，只是他出生之时，这个家族已经没落。不过，他依旧获得良好的教育，阅读了大量思想家的著作。他非常喜欢阅读，通过学习掌握了深奥的拉丁文。

文艺复兴时期，人文主义思潮兴起并蓬勃发展。受此影响，马基雅维利向往平等、自由，并且积极参加革命，反对封建君主的统治。1498年，他成为佛罗伦萨共和国的官员，被任命为国务秘书，之后还出使意大利各国和法国、德国。这使他积累了丰富的政治和外交经验，为完成政治学巨著《君主论》奠定了很好的基础。

马基雅维利是新兴资产阶级的代表，支持共和政体，积极主张结束意大利的分裂状态，建立一个强大的中央集权国家。当时，意大利正处于四分五裂的状态，社会动荡不安，百姓怨声载道，导致一些人道德败坏、人性堕落。如果不及时进行中央集权、君主专制，便很难实现国家统一，更难以促进社会稳定、百姓安居乐业。

马基雅维利认为人都有劣根性，很可能忘恩负义、弄虚作假、见死不救、假装仁义、利欲熏心、不忠不仁；人类的欲望和野心是填不满的，总会想方设法满足自己的欲望；真正的利他主义和公道是不存在的，只是人们谋取名声和利益的工具而已；人们是伪善的，会为了目的而伪装；人们是自私的，只会为自己谋利益；人们很容易被腐化，即便是最有德行的人也会堕落。

▲ 马基雅维利雕像

他认为人很容易屈从权力，被暴力所征服；人应该学习野兽的本性，像狮子一般残忍，像狐狸一般狡诈。他认为为实现专政、集权，君主可以使用任何手段，包括欺骗、阴谋、暗杀和其他暴力手段；君主应该暴力征服人民，不能心慈手软；君主可以不择手段，为了实现目的可以使用各种最卑鄙的手段；对于君主来说，仁爱是非常危险的，与仁爱相比，威严和权力更有利于维护统治。

他坚信君主专权是拯救意大利的唯一出路，希望君主应该效仿切萨雷·博贾，尽快实现君主专政。他认为君主应该习惯行恶，不要因为使用暴力而心生担忧；受人敬爱还不如让人惧怕，只有让人惧怕才能维护统治。

他还认为君主应该让人民看到并相信自己是拥有各种美德的，如爱民如子、仁慈宽厚。但是这只是做做样子而已，为了让人民信服、屈服，不滋生反叛之心。君主必须有威严，不轻易显露声色，不轻易表露内心；君主要善于管理和利用下属，让下属去镇压、统治人民；君主不能绝对信任任何人，不能对任何人吐露心声，更不能把命运交到别人手上；君主要善于为自己找替罪羊，甚至是嫁祸于人；君主要收买人心，亲自给予下属和人民奖赏；赏赐时要身体力行，不能假托于人，更不能让下属行私惠；给人恩惠应该循序渐进，如此别人才能感恩。

他还认为君主必须掌握军政大权，掌握军队的控制权；君主需要有自己的护卫队、训练有素的军队；君主要对下属了如指掌，以便随时掌控他、除掉他；君主是至高无上的，不允许任何人反对和忤逆；君主应该怀疑一切人，对所有人严加监视，网罗党羽，排除异己，让下属相互监督、牵制；君主需要果断、狠绝，打击敌人要一击致命，让其没有反击的机会。

他认为国家是纯粹的权力机器，应该使用暴力；管理国家的重点不是谁应该掌握政权，而是如何取得政权。总之，他认为君主是至高无上的，必须加强专制的权力，必须使用暴力，不能仁爱，不能心慈手软。

这一系列政治主张、权术思想被后人称为“马基雅维利主义”。长期以来，人们都把“马基雅维利主义”视为邪恶的代名词，对它加以猛烈的攻击、指责和批判。而“马基雅维利主义者”也被视为阴谋者、独权者，善于旁门左道的弄权者。谁被冠以这个名号，就会声名扫地、受人唾弃。“水门事件”之后，美国总统尼克松就因为使用阴谋诡计被人们称为“马基雅维利主义者”，从此政治地位一落千丈，成为美国历史上名声最差的总统之一。直到今天，“水门事件”仍是美国历史上最大的政治丑闻。

与此同时，马基雅维利本人也遭到最强烈的攻击和谴责，被称为“魔鬼”“骗子”“恶魔的头子”。人们甚至把他的名字和欺骗、狡猾等词语画等号。商场上，人们还用“马基雅维利主义者”批判那些不守信用、阴险狡猾的商人和道德败坏者。

马基雅维利对近代政治产生了巨大影响，他抛弃了早期哲学家的理论基础，从人性出发，揭露了人性的丑恶和本质。同时，他还从历史和个人经验出发，系统地研究了社会政治问题，把政治学发展成为一门实践学科。

尽管人们严厉地批判他，他的学说还是被付诸实践。很多政治家是马基雅维利主义的拥护者，甚至有些人公开称赞马基雅维利，如尼托·墨索里尼、希特勒。除此之外，拿破仑、斯大林也非常喜欢他的《君主论》，甚至把它作为自己的枕边书。

▲ 马基雅维利之墓

在马基雅维利的影响下，人们把政治学和伦理学区分开，不再把政治学和道德学或神学结合起来，而是从现实、历史的角度来研究和探索。因此，他被誉为现代政治思想的重要奠基人，被马克思推崇为近代政治学的先驱。

马基雅维利不仅在政治学有卓越贡献，在历史学、戏剧等方面也有突出表现。他完成的《论李维》《战争的艺术》《佛罗伦萨史》等著作，具有非常高的文学价值。

思想的巨人——培根

弗兰西斯·培根是17世纪英国杰出的唯物主义哲学家、科学家，被誉为“哲学史和科学史上划时代的人物”“思想的巨人”。他是文艺复兴最著名的思想家，被马克思称为“英国唯物主义和整个现代实验科学的真正始祖”。

培根的父亲是一位思想进步的政治家，毕业于剑桥大学法律学院，曾经积极反对教皇专制，维护英国的民主和独立。他的母亲则是一位声名远扬的才女，精通希腊文和拉丁文。可以说，培根出身于名门，从小接受良好的家庭教育。他也非常聪明、机警，是一位才华横溢的天才少年，12岁时就进入剑桥大学三一学院。

后来，培根跟随英国驻法大使埃米阿斯·鲍莱爵士来到巴黎，在法国各地游历学习。其间他走遍法国每一个城市，拓展了视野，增长了见识，同时接触到新思想、新文化。这段时间的游历，对于培根的思想有很大影响，让他认识到新思想的进步性和封建思想对人们的禁锢。

1579年，培根的父亲突然病逝，家族开始衰败，陷入经济危机。从小生活富裕的培根不得不自谋生活，过起贫困、艰难的生活。之后，他想要在政治上成就一番事业，在政府里任职，但一直郁郁不得志。因为经历了困苦和磨砺，培根思想变得更加成熟。他希望进行科学改革，促进科学的发展，促进人们认识自然，进而从科学、自然的角度来认识知识。他注重实践和科学，希望实现科学的“伟大复兴”，并且把它视为终生理想。

1602年，詹姆斯一世继位，培根的主张受到詹姆斯的青睐和赞赏，从此他的命运也开始转变。在仕途上，他平步青云，先后被任命为副检察长、首席检察官、枢密院顾问、掌玺大臣等职位。1618年，他被任命为英格兰大陆官，同时授封维鲁兰男爵，3年后又被封为奥尔本斯子爵。

虽然培根在仕途上春风得意，但是他并没有放弃科学研究，而是把大部分精力放在科学研究上，并获得了巨大成就。之后，他被指控犯了贪污受贿罪，被逐出宫廷。虽然他没有被关押和流放，但是遭到严厉谴责和批判，终身不得担任任何公职。

之后，培根专心从事科学研究，把全部心思和时间都用在研究学问和著书上。主要著作包括《新工具书》《学术的进步》《培根随笔》《学术的伟大复兴》等，其中《学术的伟大复兴》最为著名，对后世有很大的影响。在他的启示下，人们开始注重科学，进行科学研究工作，并且建立了很多科学学会和科学院。

培根是新唯物主义哲学的代表。他主张唯物主义，并且提倡用唯物主义指导科学的发展。但是，他没有从事过某一项具体的科学研究，也没有从事过科学实验。所以在世界科学历史上，他是一位备受争议的人物。可以说，他是理论上的巨人，却是实践的矮子。

但不管怎样，培根让人们认识到科学的重要性，并且对于科学发展影响巨大。他从哲学原理出发，深入地研究和论述了科学的方法问题。他认为人们应该善于发明和发现，并且利用这些发明和发现来改善生活；人们应该做科学上的哥伦布，发现科学的“新大陆”；同时他还提出了“知识就是力量”这句名言。而这些思想和主张都集中体现在其著作《学术的进步》一书中。

同时，他还阐述了科学的认识论，认为学术与经验应该有效地结合起来；科学理论与科学技术应该是相辅相成的，把两者密切联系起来。他认为就是因为人们忽视了理论与技术、学术与经验的结合，科学才发展缓慢；因为人们把科学实践和理论粗暴地隔绝，所以社会才陷入混乱的状态。他批判了古希腊以来的学术传统，认为它妨碍了自然科学的发展，使得自然科学和哲学处于幼稚的状态。

为了科学研究，他曾经制作了一张记录着130个课题和操作方法的表格，并且请求詹姆斯一世搜集资料。但是，因为资料有限、时间有限，他只得到很少一部分资料。但是根据这些资料，他提出了很多先进的主张。比如热的本质是运动，因为热的存在，运动才产生；热效应产生的原因是物体微粒的运动。

培根是一位唯物主义者，反对经院哲学和唯心主义哲学。他认为自然是物质的，物质是多样的、能动的；认为构成物质的最小单位是分子，分子是运动的；认为运动是物质的特有性质；认为一切知识源于感觉，而感觉是真实可靠的。同时，他反对君权神授，主张改革；主张打破“偶像”崇拜，消除各种偏见和幻想；认为只有消除人们认识上的偏见，才能促进认识和科学发展；认为科学发展对于人们生活、社会发展有重要作用。

同时，培根还发展了逻辑学，总结了归纳法和经验论。他认为归纳法是进行正确思维和探索真理的重要工具；主张以经验为手段来研究自然，强调感觉经验和归纳逻辑在认识过程中的作用。可以说，他是一位出色的哲学家，对于近代科学的发展起到了积极的推动作用。但是他的主张也有局限性，带有一些神学的色彩，他承认

“理性灵魂”的存在，并且反对数学和演绎法。他的这些主张限制了科学方法的发展，对于之后的机械唯物论产生很大影响。

同时，培根也是一位出色的文学家，文笔精美巧妙，用哲学家的眼光思考社会问题。他的随笔短小、风趣、活泼；同时，他的历史剧也受到众多文学评论家的赞赏。

1626年3月底，培根因为风寒导致支气管炎复发，病情迅速恶化，病逝于家中。为了纪念他，人们修建了一座纪念碑。他被称为“科学之光”“法律之舌”。

近代哲学之父——笛卡尔

笛卡尔是近代著名的数学家、科学家和哲学家，是欧洲近代哲学的奠基人之一。他的哲学理论自成体系，对近代哲学产生重大的影响，因此被誉为近代哲学之父。同时，他在数学上有卓越贡献，数学思想也具有深远影响。

1596年，笛卡尔出生于法国一个官宦家庭，父亲是地方法院的评议员。他从小就失去了母亲，缺少母爱。但是因为母亲给他留下一笔遗产，他从小生活富裕，可以做自己喜欢的事情。8岁时，他开始接受传统文化的教育，学习古典文学、历史、神学、哲学等各方面的知识。

然而，他并不喜欢学习文学、神学和哲学，甚至对它们产生厌烦和失望的情绪。在他看来，教科书中那些知识是模棱两可甚至前后矛盾的。他想要学习那些实用的、精确的知识，例如数学。他非常喜欢数学，并且从中找到了精神寄托。从学校毕业后，他就决定不再死钻书本学问，而是通过实践、考察、游历来探索知识和世界。

1628年，笛卡尔离开巴黎，开始在荷兰生活，并且一住就是20年。其间，他潜心研究哲学、数学和自然科学，先后发表了很多数学和哲学论著，成为学术界举足轻重的人物。主要著作包括《论世界》《行而上学的沉思》《哲学原理》等。前两部总结了他在哲学、数学和许多自然科学问题上的研究及主张；而《哲学原理》

▲ 笛卡尔半身雕像

则有唯物主义倾向，提出了动量守恒定律、惯性定律等理论。他的思想先进、独特，创立了一整套自己的哲学体系。

笛卡尔的哲学思想是与众不同的，认为想要恢复真理，就必须从零开始；提出怀疑一切的主张，只有怀疑一切，采用系统怀疑的方法才能获得真知；提出了“我思故我在”的著名哲学命题。因为他主张怀疑一切，包括自己，所以提出了形而上的观点。

笛卡尔提出了“形而上学”，并且以此为基础进行一系列的推论。最后，他得出结论：“我”是独立于肉体的，是思维的东西；因为“我”的存在，上帝才存在；因为“我”的存在，世界的一切事物才存在。

他认为研究应该从怀疑开始，怀疑一切事物，因此他反对神学，反对信仰第一的观点，甚至是自己。他的哲学体系的中心是“什么是知识”，认为只有把“什么是知识”和“如何了解知识”联系起来，才能真正认识知识，并获得真知。

笛卡尔的思想有唯物的成分，承认物质的存在，并且提出了二元论。他认为宇宙中有两个不同的实体，即精神和物质；精神和物质是有区别的，是存在联系的；上帝是独立存在的，物质和精神都源于上帝；人是有灵魂的，会思考，会占有空间；动物不会思考，只属于物质世界。这些问题在学术界影响巨大，很多哲学家提出反对意见，并且展开了激烈的讨论。

笛卡尔提出了物质宇宙观，认为整个世界都是机械运动的，所有自然事物都靠机械运动来支配。动物是如此，人也是如此。人体的运动就是复杂的机械运动，受力学定律的支配。他积极研究机械运动的原因，并且研究人体运动的原因。他反对神学和所有迷信，认为人并非受魔法、上帝支配。他的理论为现代生理学提供了理论基础，促进了现代生理学的发展。

同时，笛卡尔提倡理论与实践的结合，认为科学只有应用于实践，才能促进社会发展。他非常重视数学，认为科学家应该力求用数学方程来描述、解释事物和这个世界。不过，笛卡尔的研究也存在缺陷，他强调实验的重要性，却没有认识到实验对于科学方法研究的重要性。

笛卡尔是一位勇于探索的科学家，不仅在哲学领域做出突破性成绩，在物理学、生理学、数学、天文学等领域也有突出成就。他提出的惯性定律、动量守恒定律，为能量守恒定律奠定了基础。他创立了解析几何，打开了近代数学的大门，被视为近代数学的奠基人。他还发展了宇宙演化论，创立了旋涡说，认为太阳的周围有巨大的旋涡和恒星。

笛卡尔的思想是先进的，挑战了教会和神学的权威，因此著作被列入天主教的禁书，遭到教会的指责和批判。即便是当时欧洲最宽容的国家——信奉新教的荷兰——也对他进行了严厉批判，指控他为无神论者，触犯了神学的威严。但是，他的思想对后世哲学、数学、天文学都产生了深远影响。

1649年，笛卡尔受邀来到斯德哥尔摩，成为瑞典女王克里斯蒂娜的私人教师。他喜欢睡懒觉、习惯晚起，可是女王要求他早上5点钟上课。他无法忍受北方的严寒，得了严重的风寒，并且发展为严重的肺炎。到瑞典4个月后，笛卡尔因肺炎去世。

可以说，笛卡尔是17世纪欧洲哲学界和科学界最具有影响力的巨人，被视为近代科学的始祖。

启蒙运动的领袖——伏尔泰

启蒙运动是18世纪欧洲一场反封建、反教会的思想文化运动，目的是把人们从愚昧、落后、黑暗的封建桎梏中解放出来，摆脱教会的迷信和偏见，争取自由和平等。它为资产阶级革命提供了舆论支持和思想准备，为资产阶级革命的产生和发展奠定了良好基础。

伏尔泰是法国启蒙运动的重要领袖，也是当时最伟大的思想家、哲学家、文学家。他的思想对于18世纪的欧洲影响巨大，狄德罗、卢梭、孔狄亚克、布封等法国启蒙家都受到他的思想影响，甚至尊称他为思想导师。正因为如此，人们称18世纪是“伏尔泰的世纪”。

1694年，伏尔泰出生于巴黎，父亲是一位法律从业者，家庭条件很好。他的原名为弗朗索瓦·马里·阿鲁埃，为了宣传进步思想，避免受到封建势力的迫害，以伏尔泰为笔名。

少年时期，伏尔泰曾经学习一段时间法律，可是他并不喜欢法律，很快就放弃了。他曾经在法国驻荷兰大使馆做过秘书，精通意大利语、荷兰语、西班牙语，表现出不错的才华。他非常喜欢文学，年纪轻轻就因才思敏捷、文笔出色而闻名于法国。

伏尔泰积极宣传进步思想，反对封建制度和封建统治，写了很多“反动”的政治诗文。1715年，他因为写诗讽刺摄政王奥尔良公爵而被捕，被投入巴士底监狱。在狱中，他积极从事文学创作，完成自己的第一部剧本《俄狄浦斯》，而这也是他第一次使用笔名“伏尔泰”。1718年，伏尔泰被释放。很快，他的戏剧在巴黎公开巡演，引起很大的轰动。此时，伏尔泰年仅24岁，被人们称为“法兰西最优秀的诗人”。

伏尔泰是最具有智慧、影响力的演说家，他积极发表演讲，宣扬民主的先进主张。这遭到当局和贵族阶级的仇视，视他为眼中钉、肉中刺。之后，伏尔泰和一个贵族罗昂骑士进行了激烈论战，并大获全胜。可是这个贵族不甘心失败和受辱，竟然唆使一帮恶棍殴打了他，还设计诬告他，再次把他投入巴士底监狱。伏尔泰被驱逐出法国，只能流亡到英国。

流亡时期，是他人生中一个新的转折点。其间，他接触到洛克、培根、牛顿和莎士比亚等著名作家、思想家的思想，研读了他们的著作，对他的思想产生了巨大影响。但是给他最大影响的是英国的政治制度，伏尔泰考察了英国的君主立宪和当地的风俗习惯，研究了英国的唯物主义经验论和牛顿的物理学思想，形成了自己特有的哲学观点。

▲ 伏尔泰画像

之后，伏尔泰回到法国，完成第一部哲学著作《哲学通信》，这是他在英国的观感和心得总结，也是他第一本哲学和政治学著作。伏尔泰描述并赞扬了英国的政治制度和思想家的先进思想，抨击了法国落后的政治制度。正因为如此，他又触怒了法国当局，著作被禁止发售，被迫逃离巴黎。而这本书的发表也标志着法国启蒙运动的开始。

随后的15年里，伏尔泰隐居在法国东部的西雷，与侯爵夫人夏特莉女士秘密交往，并且隐藏在她的庄园里。其间，他曾被宫廷任命为史官，被英国皇家学会授予会员，还当选了法兰西学院的院士。他在那里安心从事写作，完成了许多史诗、悲剧、历史、哲学著作。这些作品给他带来了很高的声誉，让他成为法国著名的思想家、文学家。

1750年，沽名钓誉的普鲁士国王腓特烈二世给伏尔泰写信，邀请他前往普鲁士，任命他为宫廷文学侍从。开始腓特烈非常欣赏伏尔泰的才华和智慧，对他赏识和器重有加。可是后来伏尔泰与另一位科学家发生争执，并且发表文章讽刺了这位科学家。然而后者更受腓特烈的宠信和支持，伏尔泰只能离开普鲁士。

离开普鲁士之后，他用一生积蓄买下一块土地，在法国和瑞士边境的凡尔纳定居下来。之后，他投入启蒙运动之中，专心从事文学创作，完成了《老实人》《天真汉》等不朽名著；同时，伏尔泰利用自己的极高声望支持启蒙运动，批判宗教迫害专制制度、草菅人命，并且为受教会迫害的人申冤。他的斗争推动了启蒙运动的发展，因而他被尊称为“凡尔纳教长”。

作为哲学家，伏尔泰在很大程度上汲取了洛克和培根等思想家的思想，对他们的先进思想进行了论述和解释。他反对君主专制和教皇专权，主张民主和自由，提倡民主政治、宗教自由和思想自由；他提倡自然神论，反对天主教会；他主张言论自由，说出“我不同意你的观点，但是我誓死捍卫你说话的权利”；他极力抨击天主教会的黑暗统治，认为它是“迷信的恶魔和狂妄的九头蛇”；他

▲ 伏尔泰之墓

猛烈抨击罗马教皇，把教皇比作“两足禽兽”“魔法师一样的骗子”，说教士是“文明恶棍”。

伏尔泰晚年时期，法国发生了几次令人震惊的迫害新教徒的暴力事件。伏尔泰非常愤怒，出版了很多抨击天主教会、讨伐宗教狂热主义的政治小册子，把他们比作“臭名昭著的东西”。因此，伏尔泰被天主教会忌惮和痛恨，想办法迫害他、污蔑他。

直到1778年，伏尔泰才回到巴黎，但不久他就病逝了。即便死后，伏尔泰依然受到教会的迫害。为了躲避教会的迫害，一些启蒙运动的参与者偷偷地把他的遗体运到香槟省，安放在一个小礼拜堂。直到1791年法国大革命胜利，他的遗体才被运回巴黎。人们为他举行了隆重的下葬仪式，以怀念这位伟大的资产阶级启蒙思想家，感谢他教导人们走向自由。

伏尔泰是著名的法国启蒙思想家，不仅如此，他在文学、史学、哲学、自然科学和政治等方面都卓有建树，创作了近百卷著作，被誉为“法兰西最优秀的诗人”“欧洲的良心”。直到今天，法国人民依然敬仰和崇拜这位伟大的启蒙家。

孤独的思想者——卢梭

让-雅克·卢梭是法国著名的大思想家、文学家，启蒙运动的领导者，民主政论家和浪漫主义文学流派的开创者。

1712年，卢梭出生于瑞士日内瓦一个贫苦的家庭，父亲是一个小小的钟表匠。他的命运很悲惨，小小年纪就失去了母亲，为了生活不得不早早外出谋生。少年时期，他过着漂泊、贫苦的生活，什么苦活、累活都做过，当过仆人、学徒、杂役、雕刻匠等。因为他读过几年书，还做过秘书、家庭教师等工作。

卢梭是一个叛逆的少年，时常与人发生冲突，还养成了偷盗的坏习惯。他生性随意、放肆不拘，感情生活也非常丰富，与几位贵妇人发生过风流韵事。后来他和情人泰雷兹·勒瓦还生下了5个孩子，却因为种种原因，把这些孩子送到了育婴堂。

虽然卢梭没有受过高等教育，但是他非常喜欢写作，30岁前写了很多喜剧、诗剧，还创作了很多音乐乐谱，受到人们的欢迎。1750年，卢梭发表了《论科学与艺术》的论文，获得第戎学院奖金，并且一举成名。他提出科学和艺术的发展对人类的发展是无益的，这遭到很多文学家的强烈反对和批判。之后，卢梭和众多文人开始进行笔战，导致身体越来越糟糕。

之后，卢梭积极从事写作，完成了很多经典著作，包括《论人类不平等的起源和基础》《新爱洛伊丝》《爱弥尔》《社会契约论》

和《忏悔录》等。其中最为著名的是《爱弥尔》和《忏悔录》，这让卢梭名声大噪，同时也遭到当局的反对和逮捕。1761年后，卢梭一直在逃亡，遭到各种迫害，在密探的监视下生活。

他是激进的资产阶级民主主义代表，信奉天赋人权学说，认为人人平等，这是上天赋予人的权利；人人是自由的，这是自然赋予的；人应该有自爱心和怜悯心。

他认为社会存在不平等，而不平等之所以产生，是因为私有财产的产生；私有财产的产生，是特权产生的原因，是人们被压迫的原因；暴力革命是废除不平等的根源；暴力只能打破不平等，不能产生新的权力。

他还认为政治社会的合法基础是社会契约，社会契约的核心是权力的转让；人们的权力和权利都是社会契约赋予的；人们可以订立社会契约，自然也有权废除它；公意是个人意志的统一，是不可能完全一致的；公意永远以共同利益为出发点，永远是公正的，不会犯错。同时，他还提出了人民主权的思想，主张法律面前人人平等；君主不能无视公意、罔顾法律；如果君主罔顾公意和法律，人民有权利反对和废除他。

卢梭的思想是进步的，但是也有局限和矛盾的地方。他痛恨贫富悬殊的现象，却支持私有制的存在；主张自然神论，谴责教会的黑暗和虚伪，但又不支持无神论。他的思想对法国大革命产生很大影响，被法国革命者视为指导思想，其著作被称为“革命圣经”。拿破仑曾说：“没有卢梭，就没有法国大革命。”正因为如此，他的著作在欧洲大部分国家被禁、被烧毁，而他也被迫四处流亡，长期过着漂泊的生活。直到58岁，卢梭才被允许回国。

卢梭的晚年异常悲凉，临死时孤身一人，身边没有一个亲人和

▲ 卢梭雕像

朋友。开始，著名的作家狄德罗和让·达朗贝尔都是卢梭的朋友，可后来他们在思想主张上产生分歧，便分道扬镳。卢梭和伏尔泰曾经也是朋友，但是两人发生分歧和矛盾，甚至成为一生的仇敌。

自1762年起，卢梭因为被当局逮捕、通缉，导致很多同事、朋友也开始疏远他。因为受迫害、受监视，他的性格开始变得偏执、狂躁、猜疑，认为所有人都会出卖自己、所有人都在监视自己。他不断和别人争执，用防备的心理对待所有人，最终身边的人一个个离去。最后20年，卢梭基本上是在凄惨、痛苦的岁月中度过的。

卢梭在个性、为人处世上确实有些缺陷，是一个神经质、大男子主义者，甚至有些不切实际。但是，这丝毫不影响他思想的伟大。他的进步思想闪烁着火花，一直影响着法国、欧洲乃至全世界。罗伯斯庇尔对卢梭推崇备至，说他是法国革命的导师；康德、莱辛、赫德、歌德、席勒以及俄国的托尔斯泰都非常崇拜卢梭，推崇他的思想。

卢梭是文艺复兴时期最伟大的思想家之一，其学说在当时产生巨大影响，同时也对后世哲学、政治、文教等产生了极为深远的影响。

古典哲学的集大成者——黑格尔

18世纪末到19世纪初，德国古典哲学兴起，其中最著名的思想家是黑格尔和费尔巴哈。黑格尔是继康德之后最著名的古典哲学家，被称为德国古典唯心主义哲学的集大成者，同时，他把古典哲学推向了顶峰。

1770年8月，黑格尔出生于德国的斯图加特，18岁时进入图宾根神学院学习神学。法国大革命爆发后，黑格尔受到启蒙思想的影响，积极参加革命，反对暴君、提倡自由。他非常推崇卢梭自由、民主的思想，希望能建立民主专制的国家。可是雅各宾派专政后，黑格尔的思想发生很大转变，他认为人民群众运动是无理性的、野蛮的、恐怖的，积极反对人民群众发动的暴力革命。

之后很长一段时间，黑格尔都在大学担任讲师、教授，教授哲学。其间，他完成了第一部著作《精神现象学》。1829年，他成为柏林大学校长。这个时期，黑格尔的哲学思想得以充分发展，创作了大量的哲学著作，包括《精神现象学》《逻辑学》《哲学全书》《法哲学原理》《哲学史讲演录》《历史哲学》和《美学》等。

与其他哲学家相比，黑格尔可以说是大器晚成，不过他的哲学思想集众家之大成。他和康德的思想有很大区别，康德也是古典哲学派的代表，他承认客观物质的存在。但是，黑格尔恰恰相反，他不承认客观事物的存在，是典型的客观唯心论的代表。

他认为自然界存在之前，就存在整个宇宙精神，即“绝对精神”；绝对精神是世界的本原，是一切事物的根源；绝对精神是永恒的，是事物更替、发展的生命过程；绝对精神是真实存在的，是自然、人类社会现象的不同发展阶段的表现形式。也就是说，他认为先有绝对精神，再有自然、社会、物质世界。这种思想显然是错误的，把一切事物本末倒置了。马克思曾经说：“黑格尔的唯心主义哲学是儿子生出母亲，精神产生自然界，基督教产生非基督教，结果产生起源。”

虽然黑格尔的思想是唯心的，但是体现了辩证主义的思想。他提出并探讨了思维与存在的辩证关系，认为二者是辩证统一的关系。同时，他还揭示了绝对精神的发展过程及其规律性，指出了它的发展是有规律的。他还提出绝对精神自我发展的三个阶段：逻辑学、自然哲学、精神哲学。

他最大的功绩就是阐述了发展的思想，认为一切事物都是发展的，处于不断的运动、变化、发展过程中。人类历史的发展也是如此。他认为人类历史是不断发展的，是一个从低级到高级、从不完

◀ 黑格尔画像

善到完善的发展过程。他认为世界存在着矛盾，而矛盾是事物发展的源泉和基础，是推动人类历史发展的根本原因。这是他思想最宝贵的一点，也是人类思想史上最伟大的思考之一。

恩格斯给予黑格尔高度赞扬："近代德国哲学在黑格尔的体系中达到了顶峰。在这个体系中，黑格尔第一次把整个自然的、历史的和精神的世界视为处于不断运动、变化、转化和发展的过程，并企图揭示这种运动和发展的内在联系。这是最大的功绩。"

同时，他还提出了质量互变、对立统一和否定之否定三个规律；提出理性是世界的主宰，理性是真实的；提出了认识的三元论，认识始于感官知觉，感官知觉只有对客观事物的意识；在哲学中肯定了孔子和老子的主张，专门阐述了老子的"道"和"无"。

黑格尔在政治观点上是保守的，他支持普鲁士的封建专制，认为普鲁士的君主专制是最好的制度。他极力鼓吹普鲁士政府，为君主专政唱赞歌；他还认为普鲁士的专制主义是绝对精神的最好体现。他支持普鲁士学院哲学，被人们称为"御用哲学家"。他甚至认为日耳曼民族是世界上最优秀的，普鲁士是世界上最好的。而这一主张成为以后法西斯肆意横行的借口。

他支持私有财产，认为法律的本质是保护私有财产；认为应该维护私有财产制度，维护君主的特权；国家应该使用暴力，保护私有财产；认为战争是必要的，战争是防止国民腐化的催化剂；如果没有战争，那么社会将是一潭死水。

在学校教书时期，黑格尔非常受大学生欢迎，每堂课都爆满，座无虚席。著名哲学家叔本华积极反对黑格尔的思想，并且试图与黑格尔分庭抗礼。可是，叔本华失败了，他的思想并不被接受，课堂上学生寥寥无几。

因为备受追捧，黑格尔便认为自己的哲学体系是永久长存的。他曾经用辩证法阐述事物是不断发展、变化的，却忘了自己的思想也是如此，根本不可能永世长存。黑格尔享受这种人人追捧的日子，可是他依旧迅速地衰老，并且开始精神不振、恍恍惚惚，甚至只穿着一只鞋去上课。

1831年，欧洲暴发了严重的霍乱，黑格尔不幸被传染，很快去世。之前，歌德、贝多芬等伟大的人物相继去世，这标志着一个辉煌时代的终结，也标志着德国最后辉煌的终结。

伟大导师——卡尔·马克思

1818年5月5日，一个男孩在普鲁士莱茵省名叫特利尔的小城诞生，之后成为伟大的思想家、政治家、哲学家、革命理论家。他改变了这个世界，他就是卡尔·马克思。

马克思的家境非常好，父亲是特利尔高等上诉法院的律师，在当地享有很高的名望。母亲虽然是家庭妇女，但是非常贤惠善良。马克思是家中的长子，性格活泼调皮、独立自主，而且聪明好学，深得父母宠爱。少年时期，他在小城度过了快乐、自由的日子，直到考入柏林大学才离开家乡。

马克思就读于法律专业，但是他更喜欢历史和哲学，把大部分精力放在历史和哲学的研究上。当时，柏林大学具有非常浓厚的学习氛围，同时也是传播先进思想的中心。马克思受到进步思想影响，反对普鲁士封建专制制度，希望能为人们争取自由、平等。之后，他积极参加“青年黑格尔派”的活动，不仅汲取了黑格尔的辩证法思想，还成为一名积极的革命民主主义者。

大学毕业后，马克思开始为《莱茵报》撰稿，发表一系列痛斥普鲁士贵族的文章，揭露他们对于农民的压迫和剥削。1842年10月，他成为《莱茵报》主编。之后，《莱茵报》因为发表“反动言论”被普鲁士当局威胁查封，马克思坚决不屈服、不妥协，直接退出《莱茵报》。之后，他和恋人燕妮举行了婚礼，在莱茵河畔度过了人生中最甜蜜、幸福的时光。

由于当局的疯狂镇压，普鲁士的革命队伍很难发展，革命理论的宣传也困难重重。1843年深秋，马克思来到法国巴黎，积极投入革命的宣传工作。他深入工人群众，与他们一起住在工人区，了解他们的生活；同时，他还与“正义者同盟”的领导人建立密切的联系，积极出席法、德两国工人和手工业者的集会，并且发表振奋人心的演说。这个时期，他成为法国革命的倡导者和领导者，赢得很高的地位和很大的名声。

之后，他创办了《德法年鉴》杂志，发表了《〈黑格尔法哲学批判〉导言》。这篇文章第一次指出了无产阶级是实现社会主义革命的力量。这标志着马克思成为一名真正的唯物主义者、共产主义者。

紧接着，马克思与恩格斯共同完成《神圣家族》和《德意志意识形态》，系统阐述了历史唯物主义的基本原理，批判了黑格尔的辩证法，对费尔巴哈唯物主义的不彻底性进行了分析，揭示了社会发展的客观规律。自此，历史唯物主义创立，为社会主义由空想到科学奠定了理论基础。

1846年，马克思和恩格斯在布鲁塞尔建立共产主义通讯委员会，同时对“正义者同盟”进行改造，正式把它更名为“共产主义者同盟”。1847年年底，马克思与恩格斯共同起草共产主义者同盟纲领，总结了以往无产阶级斗争的经验，论述了无产阶级革命和无产阶级专政的重要性。这就是著名的《共产党宣言》。

1848年欧洲各国相继爆发反对君主政体的革命，马克思和同志们积极参与革命活动，创立了《新莱茵报》。但是，革命很快被镇压，马克思和家人被驱逐出境，被迫流亡伦敦。此后，工人运动陷入低谷，马克思一边总结革命失败的经验一边从事文学写作。这个

▲ 卡尔·马克思半身雕像

时期是他人生最困难的时期，他不仅因经济和债务问题精神憔悴，还遭受病痛的折磨。

但是，他始终坚持理论研究，终于完成了《资本论》这部不朽的巨著。为了完成这部巨作，他每天都到伦敦博物馆查阅各种学科的资料，废寝忘食、不辞辛苦，简直把博物馆当成了第二个家。他研读了1500多种书籍，包括农艺学、工艺学、解剖学、历史学、经济学、法律学等，整理的笔记有100多本。他详细地阐明了剩余价值理论以及资本主义社会经济的运动规律，揭示了资本主义社会的内在矛盾。

随着工人运动高涨，革命重新开始蓬勃发展。1864年9月28日，欧洲各国工人代表在伦敦集会，马克思作为德国工人代表也参与集会。会议决定成立“国际工人组织”，即第一国际；同时组建临时委员会，1864年10月改称中央委员会，1866年夏改称总委员会，马克思入选临时委员会和小委员会，出任德国通讯书记。之后，马克思起草了《国际工人协会成立宣言》以及其他重要文件，成为组织的重要领导者。

然而，第一国际随着巴黎公社的失败日渐衰弱。1876年，第一国际还是解散了。

第一国际解散后，马克思把大部分精力放在《资本论》第二卷、第三卷的研究和写作上。因为长期流亡，备受贫穷、疾病、劳累的折磨，晚年时，马克思身体非常不好，再加上爱妻燕妮的去世，马克思受到沉重的打击，于1883年3月14日在伦敦去世。

虽然马克思去世了，但是他的思想和精神对后世产生了巨大影响。他是世界上最伟大的思想家、革命导师，去世时将近20万人参加葬礼，表达对他的怀念和景仰之情。

悲观哲学家——叔本华

19世纪上半叶，悲观主义思潮兴起，涌现出一大批悲观主义诗人、作曲家、哲学家，包括拜伦、海涅、普希金、肖邦、贝多芬、叔本华等。其中，悲观主义哲学家中最为突出的便是叔本华。

1788年2月，叔本华出生于德国但泽，即今天波兰的格但斯克。他的父亲是一位著名的商人，母亲是才华横溢的作家。叔本华的父亲相貌很丑陋，且脾气暴躁，母亲却美丽大方且才华出众，精通外语。因此，两人性格严重不合，时常发生争吵和矛盾。为了减少家庭矛盾，父母时常参加各种娱乐活动，还时常到国外旅行。叔本华从小就跟随父母四处旅行，增长了见识，也积累了丰富的社会经验。

因为家庭的影响，叔本华的性格非常怪异。他非常有才华，是一个少有的天才。他小小年纪就表现出杰出的哲学才华，熟读了很多哲学家的著作。可以说，他是一个“怪癖”和“天才”的矛盾结合体。

1796年，叔本华跟随父母游历法国，之后便留在巴黎学习。父亲把他托付给一位商界的朋友，让他学习法文和其他知识。在巴黎生活和学习的两年，是叔本华一生中最快乐的时光。

叔本华喜欢文学、哲学，希望能成为一名教师。可是他的父亲强烈反对，希望他能学习商业，以便将来子承父业。他回到汉堡后，父亲安排他到一所商业学校学习。这让叔本华非常厌恶，可是碍于父亲的压力，不得不忍受着。直到1807年秋，父亲去世了，叔本华才遵循自己的本心，开始从事学术研究。

叔本华非常有才华，对于哲学有自己独特的理解。1818年年末，他发表了著作《作为意志和表象的世界》，当时仅30岁。这部著作阐述了他悲观主义的思想，并且标志着他的悲观主义思想已经基本形成。

他的哲学思想主要表现在四个方面，即唯我主义的唯心论、唯意志论的哲学体系、反理性主义的哲学立场和悲观主义的人生观。他认为人生是意欲或意志的表现，意志是无法满足的渊薮；人生就是追求这种无法满足的渊薮；人的躯体是自我意志的表现；恶毒是无处不在的，非道德的动机就是恶毒，它的目的是让人们痛苦；真正的道德是稀有的，是万中无一的；人是利己主义的，为了自己的利益不择手段。

他认为人生就是苦难，生命和痛苦是分不开的；人生就是一场苦难，必须经历挫折和磨难；认为人生是灰暗的，幸福不值一文。叔本华出身名门，一生衣食无忧，从来没有为生活、金钱、工作担忧过，也没有经历过什么挫折和磨难，为什么会如此悲观呢？人们找不到问题的答案。

其实，早在20岁左右，他就是悲观主义者，形成了悲观主义思想。从他之后的著作和思想中，我们不难看出，他的悲观思想始终没有改变。即便到了70岁，他接触了很多新的知识、思想，但是内心的悲观主义也没有改变。

叔本华的哲学研究并不顺利，《作为意志和表象的世界》出版之后毫无水花，只卖出140本书。这让叔本华非常沮丧和痛苦，他不明白自己的哲学为什么不受重视。他还攻击自己的对手，攻击他们的思想和主张，声称他们是“哲学骗子”。他尤其痛恨黑格尔，专门和他作对。为此，他还不惜分文不取，主动到柏林大学教书。可是，他的课并不受欢迎，几乎没有人愿意听他讲课，一堂课只有两三名学生。尼采曾经评论说：“最令叔本华恼火的是，德国学者与自己迥然不同。”

除了哲学，叔本华在很多学术领域有突出成就，几乎包括所有学科，如医学、物理学、植物学、天文学、气象学、生理学、法律学、数学、历史、音乐等。在对待研究这个问题上，他始终认真负责、一丝不苟。他在音乐上很有才华，受到大音乐家瓦格纳的赞赏；他的散文也很出色，对于后期的散文影响较大。

1831年8月，柏林暴发霍乱。1833年，叔本华不得不离开柏林，前往法兰克福生活。之后的27年，他都在那里生活。他创作了很多著作，包括《论自然中的意志》《论视觉与颜色》《伦理学中的两个基本问题》《人生的智慧》《叔本华随笔》《附录和补充》等。

◀ 叔本华画像

开始，叔本华的哲学理论并不受重视和认同，但是30多年后，他突然名声大噪，受到社会各界的追捧。他成为欧洲最著名的哲学家，人们开始真正明白并认同他的哲学思想。全国各地的人，都前去拜访他；全国的报纸、杂志不停地报道他的事迹和学说；追随他和崇拜他的人越来越多，甚至开始为他画像、雕像，把他视为神明一般顶礼膜拜。可以说，叔本华这位极度悲观的哲学家，在人生的最后时刻享受到最高的荣誉和追捧，最后“快乐”地在沙发上去世。

叔本华是著名的哲学家，是唯意志论的创始人，他的“意志哲学”对后世产生了巨大的影响。近代历史上有很多著名的思想家受到了叔本华哲学的影响，如尼采、瓦格纳、托玛斯·曼等。其中，尼采所受的影响最大。

同时，他的哲学对于马赫主义、实用主义、生命哲学甚至弗洛伊德的精神分析学说也产生了巨大影响，奠定了西方近代哲学的基础。

诗人哲学家——尼采

尼采是19世纪西方著名的哲学家、思想家，也是对后世影响最大的人物之一。虽然他不是学院式的哲学家，但是他的学说成了20世纪西方哲学思潮的源头。

1844年，尼采出生于德国东部一个小村庄。他的祖父是虔诚的神学信徒，父亲和外祖父也信奉神学，都是教会的牧师。在他很小的时候，父亲就去世了，他跟随母亲和姑母长大。他几乎在充满女性的环境中成长，后来因为祖母去世而搬离小镇。少年时期，他接受了传统的基督教育，后来还学习了希腊和古罗马文学。

1864年，尼采考入波恩大学，学习神学和古典语言学。一段时间后，他丧失了对神学的兴趣，于是断然放弃神学，开始专心研读古典语言学。对于出身牧师世家的他来说，这是反叛和抗争的象征。之后，他开始反对基督、反对神学，思想逐渐变得成熟起来。其间，他读了很多叔本华的书籍，开始学习叔本华的哲学思想。

1869年，在李契尔的推荐下，他到巴塞尔大学教授古典语言学。可是，他并没有安心教学，而是积极研究文学和哲学，接触到了更多学者和哲学思想。之后，他出版了处女作《悲剧的诞生》，放弃了精确的研究文学的方式，改用哲学的演绎方法进行论述，从全新的角度研究了希腊悲剧的起源。这本书在社会和文学界引起巨大轰动，受到正统语言学家的激烈批评，就连李契尔都不支持他的主张。很多文学家发表批评尼采的文章，他们认为这本书的语言和思想是“荒诞不经”的，这导致尼采在哲学界和文学界陷入孤立的境地。之后，他失去了工作，也没有任何学生愿意听他讲课。

他开始研究叔本华的哲学。他认为叔本华是一位真正的哲学家，只有他才能把自己从那个时代的缺陷中拯救出来。他甚至认为《作为意志和表象的世界》就是专门为他写的。同时，为了慰藉自己，他开始倾听瓦格纳的音乐，并且深深被瓦格纳的音乐吸引，陶醉于瓦格纳富有革命性的作品中。更为有趣的是，瓦格纳也是叔本华的崇拜者。

不过，在研读叔本华和瓦格纳的作品时，他逐渐发现他们思想中的不足，慢慢地真正认识自己，形成自己的哲学体系。从1873年到1876年，他陆续发表了四篇论文：《戴维斯·施特劳斯：自由者和作家》《历史学对生命的利与弊》《教育家叔本华》《理查·瓦格纳在拜鲁特》，后来这些论文都被收录在《不合时宜的考察》。接下来，他又完成了代表作《快乐的科学》《查拉图斯特拉如是说》《超越善与恶》《权力意志论》等。

尼采的哲学体系，发展了叔本华的非理性主义倾向，但是并没有完全继承叔本华的哲学思想。他抛弃了彻底的悲观主义，提出了权力意志，形成了积极乐观的行动主义。他批判了理性主义和基督教；认为人是不理性的、不道德的；认为人性是恶劣的，存在劣根性。他毫不留情地揭示了人的虚荣、鄙俗、伪善、平庸。

他还认为权力意志是人们内心被压抑的、最深刻的东西；人们必须面对它，必须面对人性和内心。因为揭露了人性的本质，尼采被很多哲学家批判和反对；因为批判基督，尼采被当局和宗教迫害。他的一生几乎在凄苦中度过。他受到的抨击、反对实在太多了，以致内心非常孤独、痛苦，甚至还时常精神错乱。

生前，他的哲学思想被批判和反对；死后，他的哲学思想才被人们重视。他的哲学思想对于德国以及西欧国家产生很大影响，甚至权力意志哲学和超人哲学对整个世界都产生巨大影响。“一战”时期，德国士兵的背包通常装着两本书，一本是《圣经》，另一本就是《查拉图斯特拉如是说》。

尼采的强权思想对于希特勒产生一定影响，希特勒把他这句名言“强人的格言，别理会！让他们去唏嘘！夺取吧！我请你只管夺取！”视为终生格言。同时，他的思想对于现代哲学思想也有很大影响，众多思想家，包括里尔克、赫塞、托玛斯·曼、萧伯纳、纪德和萨特等都继承和发扬了他的观点。

尼采是一位备受争议的哲学家，有人对他赞赏不已，有人对他严加批判。他认为应该对所有哲学进行批判，同时他的哲学也受到

◀ 尼采画像

了后世哲学家的批判。没有人能真正理解他的哲学。

虽然尼采是充满矛盾的复杂的人物，也是不被理解的人物，但他是20世纪最具有影响力的一位哲学家。

第四辑

文学大师

承前启后的伟大诗人——但丁

但丁是文艺复兴时期著名的文学家、诗人，也是意大利思想启蒙的先驱，以长诗《神曲》而闻名于世。可以说，但丁是承前启后的、划时代的伟大诗人。

1265年6月，但丁出生于佛罗伦萨一个没落的小贵族家庭，母亲早早去世。他的生平记录很简单，没有接受过正规教育。但是，但丁勤奋好学，热衷于研究学问，对当时各个学科的知识都非常感兴趣，最终成为学识渊博、才华出众的人。

但丁很有才华，年纪轻轻就声名远扬。他创作的第一部著作《新生》，是为他心爱的姑娘贝雅特丽齐所写的，表达了他对纯洁爱情的追求和向往。贝雅特丽齐是一位美丽动人的姑娘，他们在一次宴会上偶然遇到。但丁对她一见钟情、魂牵梦绕，时常找机会去看她。但不幸的是，贝雅特丽齐与一位银行家结了婚，年纪轻轻就因病去世。

但丁非常悲伤，写了一系列悼念心爱姑娘的诗。写完这些动人的诗作之后，但丁把这些诗作用散文串联起来，并且阐明创作每首诗的原因，最终形成了《新生》。他把贝雅特丽齐视为最完美的女性，把对爱情的幻想都寄托在她身上。同时，他认为贝雅特丽齐是上帝派来拯救他灵魂的天使。在之后的作品中，贝雅特丽齐成为天使的化身，成为他心中理想人物的象征。

但丁反对分裂和专制，主张独立和自由，并且积极参与革命斗争。结果，革命失败，革命党人遭到捕杀和放逐。但丁被驱逐出佛罗伦萨，判没收全部家产，终身流放。之后，但丁一直在外流亡，他周游了意大利的很多城市，接触到最底层、最贫穷的人民，见证了动乱和战争给人民带来的苦难。这让他更加坚定反对封建专制的决心，强烈批判教皇的黑暗、统治者的腐朽。

▲ 但丁雕像

流亡期间，但丁非常渴望回到家乡，但是始终没能如愿，最后客死他乡。其间，他完成了大部分重要作品，包括《宴会》《诗集》《论俗语》《帝制论》《神曲》等，最为著名的便是《神曲》。

《神曲》是一部独特的史诗，是一部划时代的巨作，又被称为《神圣的喜剧》。它描述了当时意大利的社会状况，分为《地狱》《炼狱》《天堂》三部曲，每部由33首诗歌组成，加上最开始的序曲，共有100首诗歌、1.4万多行。

《神曲》全诗采用了中古时期梦幻文学的形式，通过自述的手法描述了一段神奇的旅程。早晨，诗人在一座黑暗的森林迷了路，之后来到一座山峰脚下。当他攀爬山峰时，豹、狮、狼三只凶猛的野兽挡住他的去路。危急关头，古罗马伟大诗人维吉尔出现并救他脱离险境——他是受贝雅特丽齐的嘱托来拯救但丁的。之后，在维吉尔的带领下，但丁游历了地狱和炼狱。

地狱共分九层，犹如漏斗一样，越往下越小。里面分别收容着异教徒、好色之徒、犯饕餮罪的人、贪婪挥霍的人、喜欢发怒者的灵魂，以及暴君、暴徒、偷盗、渎职者等罪孽深重者的灵魂。这些灵魂生前犯下不可饶恕的罪行，在地狱里承受着各种折磨和煎熬。地狱的最底层是一个巨大的深井，底部是个冰湖。凡是生前犯了残杀亲人、背叛罪行的灵魂都被冻在这里。诗人最痛恨的卖国贼和背信弃义的人也被关在最底层，遭受酷刑的折磨。

之后是炼狱，这里是大海中的一座孤山，也分为九层。这里是灵魂洗涤罪恶的地方，关押着生前的罪恶得到惩罚和宽恕的灵魂。每洗去一种罪过，灵魂就会上升一级，最后到达山顶。炼狱的刑罚不如地狱那样残酷、恐怖，是希望这些灵魂能忏悔、赎罪。因此，这些灵魂也乐于接受惩罚，并没有太多痛苦。

炼狱山分为七级，分别住着傲慢、嫉妒、愤怒、怠惰、贪财、贪食、贪色七种罪行，是罪过较轻的灵魂。诗人一层层游历，最后来到山顶。山顶上是一座乐园，人们快乐地生活在这里。但丁来到这里后，他的导师古罗马诗人维吉尔就离开了。原来但丁还没有资格进入天堂，之后，贝雅特丽齐如天使般降临，成为但丁的引导者。她引导但丁游览九重天，并温柔地指责他不应该进入象征罪恶的森林。经过九重天之后，但丁来到上帝面前，进入了天堂。自此，整篇史诗结束。

《神曲》是一部梦幻形式的文学巨作，却描绘了当时社会政治和文化生活各个领域的状况，反映了当时社会的巨大变革。可以说，但丁描绘的就是当时意大利社会的缩影。但丁批判了中世纪的封建制度和蒙昧主义，主张学习文化、追求知识和美德，并且赞美了人类的才能和智慧。他批判了教会干涉政治的罪恶、封建统治者的贪婪与暴行，以及贪官污吏、僧侣阶级的骄横和腐败。

但丁希望意大利能争取自由、统一和光明，他主张理性和自由意志，希望人们能积极主动地创造命运、改变命运。他揭露了现实世界的黑暗，同时也描绘了未来世界的美好。这反映了但丁对于美好和光明的憧憬。

《神曲》表现出深刻的批判精神和新思想的萌芽，但丁因此成为文艺复兴即将到来的预言者。但是，他并没有彻底摆脱中世纪思想和神学观念的束缚，思想中还存在局限性。他寄希望于上帝，希望上帝能解救人们，为人们带来光明。

但丁运用了独特的写作手法，融合了现实主义和浪漫主义；他想象力丰富，文字鲜明，描写准确，并且运用了巧妙、生动的比喻。作品中人物众多，场面多有变化，但丁却把他们写得有血有肉、性格鲜明，把人物刻画得栩栩如生，让读者身临其境。他把梦幻、寓意、象征巧妙地结合起来，将中世纪文学推向了高峰。

但丁有高尚的爱国情节和民族意识，通过细节描写、人物刻画把自己的爱国热情、宗教感情，以及对于社会的感悟、内心的惊叹有机地结合在一起。同时，他完全用意大利俗语进行创作，对于意大利文学语言以及民族语言的形成和发展起到积极作用。

可以说，但丁超越了之前的所有意大利作家，称得上第一位意大利的民族诗人。恩格斯给予他高度评价："封建的中世纪的终结和现代资本主义纪元的开端，是以一位大人物为标志的。这位人物就是意大利人但丁。他是中世纪的最后一位诗人，同时又是新时代的最初一位诗人。"

西班牙大侠——塞万提斯

1605年，西班牙作家塞万提斯发表长篇小说《堂吉诃德》，在国内和欧洲引起巨大轰动。短短3个星期，就出现了盗版，之后正版再版了6次。一时间，塞万提斯成为世界文坛最炙手可热的人物，《堂吉诃德》受到无数人追捧，被评论家称为文学历史上第一部现代小说。

《堂吉诃德》全名为《奇情异想的绅士堂吉诃德·德·拉·曼却》，使得西班牙文学达到顶峰。主人公堂吉诃德是一个没落贵族，梦想着成为一位英雄式的古代骑士。他把自己打扮成古代骑士，把丑陋的挤奶姑娘视为貌美、高贵的夫人，让矮胖的农民桑丘·潘札当自己的侍从。他还找来铠甲、长矛、“战马”，然后带着侍从周游全国，开启扶弱锄强的伟大事业。

在这个过程中，堂吉诃德闹出很多笑话，与风车决斗，把羊群看作敌人；他受人欺凌、侮辱，多次被人打伤，还差一点丧命。但是他乐此不疲，坚信自己是勇敢的骑士，努力实现自己的梦想。

《堂吉诃德》篇幅宏大，真实地反映了16世纪末到17世纪西班牙封建社会的现实。塞万提斯刻画了近700个人物，描绘了西班牙广阔的生活画面。该作品揭露了西班牙社会的种种矛盾，揭露了当时社会各个方面的问题，同时，抨击了贵族阶级的荒淫和腐朽，反映了普通百姓遭受的痛苦。塞万提斯严厉地批判了封建制度和统治者，对贫苦的人民表示了深切同情。

塞万提斯把现实主义和浪漫主义结合起来，并且运用了强烈的对比，描写了堂吉诃德的可笑、可悲，同时又突出了他的可敬、勇敢；描绘了桑丘的胆小笨拙，又突出了他的诚实、踏实。通过对这两个人物的描绘，塞万提斯塑造了没落的贵族、普通的农民的典型形象。他一方面批判贵族阶级，揭露社会的丑恶现象，另一方面赞扬除暴安良、勇敢无畏的精神。其作品深刻地反映了现实，受到马克思、列宁、歌德等思想家、革命家的高度赞扬。

▲ 塞万提斯雕像

《堂吉诃德》是塞万提斯最好的作品，同时也是他充满传奇而又冒险的一生的反映。塞万提斯出生于16世纪的西班牙，家庭贫困，兄弟众多，父亲是游医，一家人只能跟随父亲四处漂泊。因为家庭贫困，他并没有接受多少教育，不过他并不安于现状，想要成就一番事业。

当时正是海洋大冒险的时代，西班牙涌现了很多冒险家，他们对美洲、非洲进行疯狂掠夺，功成名就并获得巨额财富。塞万提斯也渴望冒险，渴望成为一位出色的冒险家和人们心目中的英雄。之后，他参加西班牙驻意大利的军队，并且参加了著名的勒班陀大海战。虽然西班牙大获全胜，但是塞万提斯身受重伤，失去了左手，成为“勒班陀的独臂人”。因为立下大功，他受到联军统帅胡安与西西里总督的器重和欣赏，还被推荐给西班牙国王。

原本他以为自己会大有作为，却在途中遭遇土耳其海盗，被掳到阿尔及利亚做奴隶。虽然塞万提斯多次企图逃跑，但都失败了。这期间，他凭借超凡的勇气与胆识赢得俘虏们的敬佩和拥护，被推选为领导者。直到1580年，塞万提斯才被亲人赎回，回到西班牙。此时他已经34岁。

可以说，塞万提斯是一名英雄，但是并没有得到菲力普国王的器重。他在政府里只是一个小职员，曾经先后担任军需官、税吏，还被派往美洲。他多次被捕入狱，最后还丢了官职，只能为别人跑腿、沿街卖货，或是为人拉纤。在这个过程中，他了解到底层百姓的苦难并且感同身受，这加深了对于封建贵族的憎恨和对于贫苦人民的同情。可即便如此，他也没有放弃写作，《堂吉诃德》便是在这期间构思的，并且还完成了一部分内容。

塞万提斯的生活一直非常贫困，为了赚一些钱，他曾经给一些商品写广告。他非常喜欢写作，即便生活最窘迫时也没有放弃写作，而且创作成为他维持生计的唯一途径。其间，他还写了很多抒情诗、讽刺诗、剧本，但大多不受重视。1585年，他出版了田园牧歌体小说《伽拉泰亚》的第一部，他对这部作品非常满意，但是它依然无人问津。

1605年，《堂吉诃德》第一部出版，他原本没抱多少希望。但他没想到的是，这部书一经出版立即风靡全国，成为最畅销、最受人欢迎的小说。之后他声名大噪，成为西班牙乃至世界上最伟大的作家之一。

1614年，一本伪造的《堂吉诃德》续篇出版，站在教会与贵族的立场上宣扬教会和封建思想，肆意歪曲、丑化堂吉诃德，同时还对塞万提斯进行了最恶毒的诽谤与攻击。塞万提斯非常愤怒，为了避免更大的损失和挽回声誉，他埋头写作，终于在第二年出版《堂吉诃德》第二部。

虽然塞万提斯已经成为最著名的作家，但是他的生活依旧没有改善，依旧贫穷潦倒，甚至再次进入监狱。1615年，西班牙大主教拜访法国大使，大使的几位随员非常崇拜塞万提斯，便询问塞万提斯的情况。大主教说："他已经老了，生活非常穷困。"随员震惊地说："为什么不供养这样伟大的作家？"大主教说道："因为虽然他一个人穷困，却让所有人富裕。"

1616年4月，塞万提斯完成了长篇小说《贝尔西莱斯和西希思蒙达》，这也是他的最后一部小说。当时他被病痛折磨得非常痛苦，身患严重的水肿，但是他的心态非常乐观。他用诙谐的语言为这部小说写下献词："我的生命已经走到尽头，按照我的脉象，我的生命最晚在这个星期天就要结束了。"

3天后，塞万提斯去世。他的遗体被草草安葬在一家修道院的墓地，连一块墓碑都没有。2015年3月，西班牙专家在马德里市中心的一个教堂内找到了塞万提斯的遗骸。

戏剧天才——莎士比亚

他出生时默默无闻，去世时却举世闻名。他是欧洲文艺复兴时期赫赫有名的艺术大师，最著名的文学家、戏剧家，被马克思称为“最伟大的戏剧天才”。他就是英国最伟大的戏剧天才——莎士比亚。

1564年4月，莎士比亚出生于英国沃里克郡斯特拉福镇，父亲是一个商人。莎士比亚从小接受良好的教育，他曾经在专门的文法学校学习，掌握了丰富的知识和写作技巧，并且爱上了阅读和写作。后来，他的父亲破产，他不得不离开学校，为了生计而忙碌。他做过很多工作，当过肉店学徒，做过农村学校老师，还干过苦力。而这些经历不仅磨炼了他的意志，还增长了他的见识和社会经验。

◀ 莎士比亚画像

22岁时，莎士比亚独自一人来到伦敦，开始在剧院做零活，为看戏的客人照看马匹。慢慢地他喜欢上戏剧，并且通过努力成为一名演员。虽然他只是演一些小配角，甚至没有一句台词，但是乐此不疲。1588年前后，莎士比亚开始改编剧本，后来还自己创作剧本。他的剧本吸引了桑普顿勋爵的注意，从此开始步入上流社会，走进贵族的文化沙龙。这不仅让他的生活得以改善，还让他有机会观察和了解上流社会，为之后的写作打好基础。

从1594年开始，莎士比亚所在的剧团受到皇室贵族的保护，时常到宫廷中演出，还会到全国各地巡回演出。莎士比亚的剧本在全国受到欢迎，为他赢得很高的声望。几年后，莎士比亚进入伦敦最有名的环球剧院，并成为那里的著名演员和股东。莎士比亚越来越富有，名声也越来越大，还被授予世袭贵族的称号。1614年莎士比亚衣锦还乡，在家乡度过了人生最后的两年时光。

莎士比亚的戏剧主要包括历史剧、悲剧、喜剧。历史剧规模宏大，如史诗般恢宏，主要有《理查二世》《亨利四世》《理查三世》《亨利六世》等。他的历史剧具有鲜明的民族特点，通过描述历史人物和事件反映了英国当时的社会现状，揭露了社会存在的各种问题和矛盾。

他的悲剧最为著名，主要有《哈姆雷特》《李尔王》《奥赛罗》《麦克白》《罗密欧与朱丽叶》等。这些悲剧具有深刻的批判性，不仅反映了英国的社会现实，体现了文艺复兴时期的先进思想、人文主义，还反映了莎士比亚对于人生目标和理想的追求。

《罗密欧与朱丽叶》是莎士比亚最著名的悲剧之一。作者描绘了一对恋人因为封建世仇被迫分离，最后双双殉情的凄美故事。莎士比亚通过两人的爱情悲剧，批判了封建恶习对人们的压迫和束缚；批判了封建主义专制，赞扬了人文主义。

莎士比亚用优美的文字、抒情的笔调描绘了一首赞美青春和爱情的赞歌，反映了作者对于人文主义的期盼和向往。他运用了巧妙的比喻，用日光、月光、星光等美好的事物比喻青春、爱情的美好，比喻封建社会中依旧存在的希望和光明。最后两个青年人殉情，但美好的爱情和光明到来了。双方家长终于冰释前嫌、重归于好，这预示着经过一番斗争、付出一定代价后，封建偏见最终可以消除，光明和美好终究会到来。而且，光明是不朽的，永远也不会被黑暗吞没。

《哈姆雷特》也是莎士比亚最具有代表性的悲剧之一，故事源于12世纪末丹麦的一个真实故事。丹麦王子哈姆雷特在德国的维登堡大学读书，父亲老哈姆雷特被叔父克劳狄斯毒害，并且被篡夺了王位。哈姆雷特回国以后，父亲的鬼魂告诉他自己被害的真相，哈姆雷特决定为父亲报仇雪恨。

同时，克劳狄斯开始怀疑哈姆雷特，命令大臣波洛涅斯的女儿、哈姆雷特的情人奥菲利娅去试探他，结果被哈姆雷特识破了。克劳狄斯还收买了哈姆雷特的同学罗森格兰兹和吉尔登斯，让他们监视哈姆雷特的一举一动。哈姆雷特渡过了一个又一个难关，利用剧团到宫廷演戏的机会查到了真相，于是便寻找机会报仇。

他说服了母亲疏远国王，却错杀了波洛涅斯。奥菲利娅因为父亲被哈姆勒特杀死而疯，并且自尽身亡。克劳狄斯还想借英国国王之手杀掉哈姆雷特，结果被哈姆雷特识破诡计，悄悄地回到丹麦。最后，克劳狄斯挑拨雷欧提斯与哈姆雷特决斗，想利用这个机会用毒剑刺死哈姆雷特。结果，哈姆雷特、克劳狄斯、王后、雷欧提斯全部死去。自此，戏剧结束。

《哈姆雷特》具有深刻的悲剧意义，代表了文艺复兴时期文学的最高成就。它折射了当时欧洲的黑暗现状，反映了人性的缺陷和丑恶。

可以说，莎士比亚的戏剧代表着西方戏剧艺术史的最高峰，是前人和后人都无法比拟的。他描绘了广阔的生活画面，刻画了社会的各个阶层，如国王、贵族、资产阶级、百姓等。每个人物都栩栩如生、个性鲜明，每个人都有自己的内心情感、矛盾。每个人都生活在不同的环境中，拥有个人独特的风格和特点。同样是追求理想、正义，奥赛罗与哈姆雷特的个性有明显区别；同样是阴险狡诈、极端自私，麦克白与伊阿古也迥然不同。

莎士比亚一生为人们留下37个剧本、154首十四行诗和两部叙事长诗。直到今天，他的戏剧还在世界各地火爆演出，受人欢迎和追捧。

莎士比亚剧作的语言非常美，犹如诗歌一般，让人回味无穷。他的语言非常丰富，运用了大量词语和修辞手法。据统计，莎士比亚的作品词汇量有1.5万多个，其中很多词语已经成为英语中的成语、典故。他的语言形式多种多样、丰富生动，以无韵诗为主，还包括了古体诗、民谣体、俚谚，以及散文体对话。

他为后人留下众多至理名言，如“放弃时间的人，时间也放弃他”“生存还是毁灭？这是一个问题”“智慧里没有书籍，就好像鸟儿没有翅膀”，指引着人们前进的方向。

莎士比亚生前，他的作品并不受重视，本人也没有享受到多少荣誉。但是从19世纪中叶开始，他备受关注和尊崇，评论家对他的作品给予高度评价，并且开始研究他和他的作品，还形成一门专门研究他的新学科——莎学。

可以说，莎士比亚是世界上最著名的剧作家，是一位不可多得的大文豪。他被称为英国戏剧之王，在英国乃至世界文学史上都留下了浓墨重彩的一笔。

浪漫诗神——歌德

歌德是德国最伟大的浪漫主义诗人，在德国文学史上享有极高地位。他把德国文学推向一个前所未有的高峰，在世界上赢得了不朽的声誉。

歌德为后世留下不少出色的作品，包括《少年维特之烦恼》《浮士德》等。《浮士德》是他的代表作，被誉为启蒙主义文学的压卷之作，也是世界文学史上最具有价值的作品之一。同时，他在科学、文艺理论、哲学、历史及自然科学等领域也卓有成就，是一位才华横溢、博学多才的文学家、思想家、科学家，被恩格斯称为文艺界的“宙斯”。

1749年8月28日，歌德出生于法兰克福的名门，父亲声誉很高，曾做过皇家顾问，母亲是法兰克福终身市长之女。歌德从小就接受良好的教育，而且非常有才华和智慧，8岁能阅读德文、法文、英文、意大利文、拉丁文、希腊文等写就的书籍。14岁时，他开始自己写剧本，并且受到人们欢迎，在德国文坛小有名气。

16岁开始，歌德开始在大学里学习法律，可是他并不喜欢法律。他对文学、绘画和自然科学非常感兴趣，并且把大部分时间和精力花在研究这些方面的知识上。这个时期，他受到宫廷文学和古典主义影响，写了很多快乐、自由的诗歌。

之后，他到斯特拉斯堡大学学习，接触到新思想、新文学，思

▲ 歌德雕像

想开始发生重大转变。斯特拉斯堡处于德国与法国的接壤处，深受法国革命思想的影响。18世纪70年代，斯特拉斯堡兴起“狂飙突进”运动，宣扬启蒙思想、革命思想。其间，歌德研读了卢梭、斯宾诺莎的著作，并且遇到了人生中最重要的老师——“狂飙突进”运动的领袖赫尔德尔。

赫尔德尔对于歌德的影响非常大，成为他思想的重要引领者。之后，歌德彻底摆脱了宫廷文学和古典主义，创作了很多带有启蒙思想的作品，如《欢会与离别》《五月之歌》《野玫瑰》等。

1771年，歌德获得法学博士学位，回到法兰克福从事法律工作。但是，他并没有放弃写作，还把大部分精力投入文学创作。1773年，他完成第一部戏剧《铁手骑士葛兹·冯·伯利欣根》的创作。这部戏剧反映了他反对封建统治的思想，表达了他渴望自由、民主以及国家统一的理想和愿望。

1774年，他完成了书信体小说《少年维特之烦恼》。这部小说让他名声大噪，成为德国最著名的作家。小说描绘了才华横溢而又多愁善感的青年维特，向往自然、渴望天性解放的美好情怀。维特爱上了一位美丽的姑娘，但是她与别人订了婚，爱情上的挫折让维特非常痛苦。之后，他又遭到贵族阶级的歧视和侮辱、封建官僚的压制和剥削。他感觉迷茫、无助，与这个社会格格不入，最后因为绝望而自杀。

维特是那个时代青年的代表，他率真、正直，却又敏感、脆弱；他渴望个性解放，却因为种种束缚感到万分孤独和寂寞；他渴望自由、渴望成功，却感觉自己与这个世界格格不入；他厌恶这个社会，痛恨虚荣、自私和庸俗的小市民，更无法面对无处不在的打击、指责。他感到万分感伤、彷徨、愤懑、绝望，挣扎在内心的痛苦之中，最后选择了自杀。自杀是他对这个社会的抗争，代表着他与这个黑暗、没有希望、没有前途的世界彻底决裂。

这部小说揭露了当时人们复杂、矛盾的内心世界，也反映了那个时代的青年对于社会、世界的反抗。歌德通过维特体现了狂飙突进的时代精神，也反映了当时绝大多数青年的心理状态和精神世界。

这本小说一出版，就立即在社会上引起巨大轰动，也引起了广大社会青年的巨大共鸣。社会上掀起一股“维特热”，人们开始模仿这个青衫黄裤的少年，从维特的服饰到维特的行为……为了避免不良影响，歌德在小说再版时增加了一节序诗，希望青年们不要步维特的后尘。

这部书信体小说非常受人欢迎，很快被翻译成英语、法语、意大利语，在欧洲各国、各阶级都产生了巨大影响。拿破仑对它爱不释手，把它作为枕边书，阅读了足足7遍。恩格斯评价说：“它绝不是一部平凡、感伤的爱情小说，建立了一个最伟大的批判的功绩。”

1775年11月，歌德来到魏玛，被魏玛公国国王器重，开始了10多年的从政生涯。他先后担任枢密顾问官、军事长官，主持过税务署。1786年9月，他离开魏玛，开始游览意大利。

1794年，歌德遇到了席勒，两人建立了深厚的友谊。两人在创作上互相帮助、相互影响，在席勒的帮助下，歌德完成了恢宏巨作《浮士德》，席勒也完成了他最为出色的著作。两人共同把德国古典文学推向前所未有的高峰。

《浮士德》是歌德一生思想的总结与艺术探索的结晶，他整整花了58年的时间才完成创作，可以说花费了他大量的时间和精力。当他完成时，曾经感慨地说："我一生最重要的事业已经完成，之后的生命可以说是生命纯粹的赐予了。之后任何事情已经不重要了。"

《浮士德》是欧洲文学传统的汇集，体现了歌德的思想和观点。浮士德博学多才、满腹经纶，虽然年届百岁、双目失明，仍不断探索人生真谛。他认为人应该时刻去追求生活和自由，应该享受生活和自由。他自强不息，追求真理，虽然已经垂垂老矣，但是感觉人生还没有结束。通过对主人公的描述，歌德赞扬了资产阶级追求真理、自强不息的精神，也赞扬了德意志民族向往自由、追求自由的精神。

歌德的爱情是丰富而又曲折的，充满浪漫主义色彩。1775年，他与16岁的莉莉·斯温曼订婚，度过了人生最幸福、快乐的时光。但是因为父母反对，两人未能走到一起。之后，他的爱情经历了很多挫折，最终才与克里斯蒂涅结婚，可克里斯蒂涅却早早去世。晚年时期，歌德又邂逅一段浪漫的爱情，与年仅19岁的莱维佐夫相爱了。可这段感情始终不被世俗所容，他只能放弃。

人生的最后20年，歌德是在平静中度过的，安心创作和进行自然科学的研究。1832年3月22日，歌德安详地去世了。

俄国文学的始祖——普希金

200多年前的一天，沙皇亚历山大一世大发雷霆，训斥一名诗人煽动青年、辱骂皇室，声称要把他流放到西伯利亚。最后在宫廷诗人杰尔查的求情下，亚历山大一世才手下留情，没有对这位诗人严加惩罚。可是，这位诗人还是被流放到南方，不经允许不能回彼得堡。

这位引起沙皇震怒的人就是普希金。他是俄国最著名的文学家，是现代标准俄语的创始人。他在抒情诗、叙事诗、诗剧、小说、散文、童话等文学领域都取得过卓越成就，奠定了俄国文学的基础，被后世誉为“俄罗斯文学之父”。

1799年，普希金出生于俄国一个贵族家庭，从小受到良好的教育，接受文学熏陶。12岁时，他进入贵族子弟学校皇村中学，他非常喜欢文学和写作，并且展现出写作才华。16岁时，他写了诗歌《皇村回忆》，因为韵文优美和精巧得到赞扬。其间，他受到爱国思潮和进步思想的影响，与十二月党人来往密切，并且创作了《自由颂》《致恰达耶夫》等政治抒情诗。

这些诗歌赞美了自由、进步等先进思想，严厉地抨击了封建农奴制和沙皇统治的残暴、专制。他主张自由平等，希望建立民主、自由、平等的国家。他的诗作在社会上引起轰动，受到广大革命党人和底层百姓的支持及拥护，却遭到贵族、封建统治者的仇恨。沙皇亚历山大一世被触怒，把他流放到高加索地区。

流放期间，普希金追求自由的思想更加强烈，创作了《高加索的俘虏》《强盗兄弟》《巴赫切莎拉伊的泪泉》等浪漫主义的叙事诗。同时，他还创作了很多优美的抒情诗作，如《太阳沉没了》等，表达了诗人对自由的强烈憧憬。自此，他逐渐形成自己独特的风格，在俄国文学界崭露头角，被誉为浪漫主义文学的主要代表。

后来，亚历山大一世以普希金支持无神论为借口，把他幽禁在米哈伊夫斯克村。其间，他完成了长诗《茨冈》和历史悲剧《鲍里斯·戈都诺夫》，并且创作了100余首诗歌。《鲍里斯·戈都诺夫》描写了修道士格利戈里假冒皇太子，与沙皇鲍里斯·戈都诺夫争夺皇位的故事。最后，格利戈里成功了，可是贵族攫取了胜利的果实，贫苦的人民只能选择沉默。高尔基说这是俄国最好的历史剧，是普希金开始向现实主义转变的代表性作品。

后来，尼古拉一世登基，普希金被允许回到莫斯科。虽然他仍被监视，但是他坚持支持革命，支持十二月党人。之后他对沙皇产生幻想，希望他能赦免被流放的十二月党人。不过，他的幻想破灭了，于是，他创作了《致西伯利亚的囚徒》，表达了对十二月党人的赞扬和对革命理想的忠贞不渝。

1830年，普希金完成了长篇诗体小说《叶甫盖尼·奥涅金》。这是普希金最为著名的代表作，也是俄罗斯现实主义文学第一部经典之作。主人公奥涅金是一位进步的知识分子，他出身贵族，却厌恶上流社会的纸醉金迷、荒淫腐败；他不愿意与昏庸、荒唐的贵族同流合污，但是他又受到偏见的束缚；他有远大的抱负，却因为脱离人民而一事无成；他想要成就事业，却找不到新的目标；他渴望新的生活，却只能在迷茫中挣扎。

普希金描写了那些思想进步，但又不能摆脱偏见的束缚、不能跳出贵族小圈子的青年形象，并且揭露了他们的思想面貌和悲剧命运。同时，他展示了当时俄国社会的全景画面，刻画了各阶层人物的状态、性格和心理，具有非常深刻的现实意义。这部小说在俄罗斯文学史上有非常重要的地位，被别林斯基称为“俄罗斯生活的百科全书和最富有人民性的作品”。

普希金是一位进步的思想家，他始终反对封建专制和沙皇统治，始终致力于宣传进步思想，因而遭到统治阶层的仇视和迫害。1837年，他与沙皇党羽决斗，身受重伤，最后因伤重而去世，年仅38岁。

普希金的人生是短暂的，但是他对于俄国文学的影响是巨大的，并且给世界文学留下了丰厚的、宝贵的文化遗产。他创作了800多首抒情诗、长篇叙事诗，还创作了很多小说、戏剧及其他各种文学论著。很多出色的作家给予普希金高度评价。高尔基评价他是“世界上极伟大的艺术家”，是“一切开端的开端”；别林斯基则说他是“俄罗

▲ 普希金雕像

斯第一位诗人和艺术家”。

普希金的作品不仅反映了现实，宣扬了进步思想，还赞美了俄国的自然景色。在很多作品中，他生动地描写了俄罗斯的自然景色。这反映了他对祖国、自然的热爱，对自然的向往。他认为“自然是一幅生动的画，充满了难言的、然而是沉默的美”。

普希金的作品对后世产生很大影响，并且激发了音乐家的创作激情和灵感。《叶甫盖尼·奥涅金》《鲍里斯·戈都诺夫》《黑桃皇后》《鲁斯兰与柳德米拉》等代表作被编成歌剧，成为音乐剧、舞台剧的经典之作，直到今天仍被人喜欢。他的抒情诗也被作曲家谱上曲，成为脍炙人口的歌曲，被人们长久地传唱。

普希金的作品具有崇高的思想性和完美的艺术性，正因为如此，才具有世界性的重大影响，在全世界广为流传。他对自由、生活的热爱，对光明、信念的坚定信仰，影响着一代又一代人，为人们指引着前进的方向，激励着人们充满激情地去实现伟大抱负、崇高理想。

讽刺大师——果戈理

果戈理是俄国著名剧作家，是俄国19世纪前半叶讽刺文学流派的开拓者，也是批判现实主义的奠基人。

1809年4月，果戈理出生于乌克兰一个地主家庭，从小喜欢绘画、民谣、传说和民间戏剧，具有非常出色的艺术才华。童年时代，果戈理在家乡长大，度过了平静、快乐的时光。之后，他受十二月党人、普希金诗歌的影响，主张解放人民，建立平等、自由的国家。

后来他来到彼得堡谋生，几经周折在政府部门担任职位。因为职位低微，他尝尽了生活苦楚和世态炎凉。这也让他的思想逐渐觉醒，认清了封建统治的腐朽、官场的黑暗与腐败，以及社会现实的残酷。他开始同情那些遭受压迫和剥削的普通百姓，为他们的悲惨命运鸣不平。

其间，果戈理认识了著名诗人茹可夫斯基和普希金，并且与普希金结下深厚的友谊。他和普希金志趣相投，互相帮助，深厚的友谊在文坛被传为佳话。同时，普希金的思想和作品对他的文学创作也产生了巨大影响。

1832年，果戈理出版了一部短篇小说集《狄康卡近乡夜话》。书中描绘了乌克兰美丽的大自然，赞美了普通人民的勇敢、善良，表达了他对于自由、自然的热爱和向往。同时，他借助小说故事批判了现实社会的黑暗，揭露了人性中的丑恶、自私和卑鄙。

果戈理的笔调明快、清新、幽默，把优美的传说、神奇的幻想和对现实的素描完美地结合起来，在文坛引起很大反响，被普希金誉为“极不平凡的现象”。

1835年，果戈理出版了中篇小说集《米尔戈罗德》和《彼得堡的故事》，为他赢得了很高的声望。《米尔戈罗德》包括4篇小说，其中历史小说《塔拉斯·布尔巴》最为著名，歌颂了哥萨克民族英雄布尔巴，表达了他渴望民族解放的热情，以及对于人们勇敢无畏、爱国热情的赞扬。

《彼得堡的故事》中《狂人日记》和《外套》最为著名，作者构思独特，设计巧妙，用荒诞的形式表现了现实主义。他揭露了封建专制和社会的黑暗，描绘了底层小人物的悲惨命运。作品表现了他对于社会黑暗、人性丑恶的憎恨，以及卑微小人物的同情。

1836年，果戈理出版最为著名的讽刺喜剧《钦差大臣》，用喜剧的方式揭露了当时达官显贵的丑恶本质，官僚的贪赃枉法、卑鄙庸俗，揭露了农奴制俄国社会的黑暗、腐朽，极具讽刺效果。主人公赫列斯达可夫是一名纨绔子弟，不学无术，与人打赌输光了全部家当。正当他一筹莫展时，外省某市官员把他误认为“钦差大臣”。之后当地官僚极尽阿谀奉承，而“钦差大臣”错漏百出，从而闹出很多荒唐的笑话。

当时俄国兴起华而不实的庸俗笑剧和传奇剧，果戈理却完全抛弃了这一庸俗、传统的手法，在继承现实主义戏剧的同时，创造了具有自己独特风格的新喜剧。他揭露了当时社会的种种问题和矛盾，进一步突出了官僚集团与人民大众的水火不容。

《钦差大臣》是果戈理最著名的喜剧，它用诙谐幽默的方式讽刺了沙皇政府的腐败、荒唐、反动，批判了社会的黑暗与庸俗。果戈理在剧本开篇题词："自己的脸丑，为什么要怨镜子？"可见他的喜剧就是现实的真实反映，就是对社会黑暗的无情揭露。《钦差大臣》首次在彼得堡公开演出就引起轰动，受到普通百姓的喜爱。但是因为它真实地反映了社会的黑暗，遭到封建官僚、贵族的攻击和诽谤。

一天晚上，《钦差大臣》正在彼得堡大剧院上演，观众们完全被精彩的剧情深深吸引，发出阵阵笑声和热烈的掌声。可它激怒了豪华包厢里的沙皇尼古拉一世，他愤怒地说："这是什么戏剧！简直就是用鞭子狠狠地打我的脸。"说完，便气呼呼地离开了。

为了躲避迫害，果戈理被迫流亡海外。流亡期间，他坚持文学创作，认识到更深刻的社会问题。1842年，他出版了另一重要代表作——长篇小说《死魂灵》。主人公乞乞科夫是一个贪婪的投机家，他诡计多端、贪婪无耻，为了发财致富不择手段。他来到N市，低价收购尚未注销的死农奴名单——死魂灵，并且以移民为借口向国家骗得大片无主荒地，以便获得巨额利益。之后，他又来到另一座城市，低价收买"死魂灵"，企图骗取救济局的救济。原本一切都非常顺利，他办完了所有手续，被当地官吏视为大地主和百万富翁。可是，一个冒失的卖主在无意间揭露了真相。这些官吏不仅没有立即抓捕乞乞科夫，反而相互猜忌、疑神疑鬼。最后，乞乞科夫趁机溜走了。

果戈理描写了乞乞科夫贪得无厌、不择手段的行骗过程，不仅批判了投机者的丑恶、阴险、贪婪，而且揭露了俄国社会的"病态"——地主的贪婪，官僚们的昏庸、荒唐，预示着俄国农奴制已经行将就木，到了垂死挣扎的阶段。这表达了作者对于俄国农奴制的痛恨，以及对于建立新社会、新制度的渴望。《死魂灵》被公认为是19世纪俄国批判现实主义文学的奠基之作，而果戈理也被认为是俄国批判文学第一人。

之后，果戈理再次被迫逃亡，长期生活在国外。离开俄国之后，他的思想发生了很大转变，甚至想要让乞乞科夫弃恶从善。1852年，他身染重病，去世前把稿件全部毁掉了。

果戈理终身未婚，几乎是在贫穷和逃亡中度过一生。他创造了很多出色的文学作品，为俄国文学发展做出了突出贡献，被称为19世纪俄国现实主义文学的一代宗师。在他的影响下，俄国现实主义文学蓬勃发展，涌现出一大批批判现实主义作家，包括涅克拉索夫、屠格涅夫、冈察洛夫、赫尔岑、陀思妥耶夫斯基等。因此果戈理被誉为“俄国散文之父”。

◀果戈理雕像

俄国文学泰斗——托尔斯泰

列夫·托尔斯泰是19世纪俄国最伟大的作家、现实主义文学最杰出的代表人物，被誉为世界文坛的泰斗。他的代表作《战争与和平》《安娜·卡列尼娜》《复活》都是世界文学史上的不朽之作，直到今天仍被人们广泛阅读，被视为经典中的经典。

1828年，托尔斯泰出生于俄国一个农奴主贵族家庭，曾经到喀山大学学习，受启蒙思想家影响，思想进步，主张进行社会改革。1847年，他回到家乡，开始在自己的庄园进行农奴制改革，颇有成效。

之后，托尔斯泰加入高加索军队服役，并且参加了著名的克里米亚战争，他因作战英勇，立下不少功劳。其间，他看到了战争的残酷与上流社会的腐化，更加坚定了改革的决心。而这段经历也让他积累了丰富的生活经验和写作素材，为之后文学的创作打下了良好基础。

1855年，他来到彼得堡，在著名的《现代人》杂志上发表了自传体小说《童年》。这部小说使他一举成名，得到著名作家屠格涅夫的赏识。他和屠格涅夫结下深厚的友谊，虽然后来两人发生过矛盾，但始终维持着长久的友谊。

之后，托尔斯泰先后创作《少年》《青年》等作品，这两部作品与《童年》被称为托尔斯泰的自传体三部曲。这三部作品描述了他的成长经历，反映了他对于人生、命运的思考，以及对于人生、社会矛盾的思考和探索。

▲ 托尔斯泰画像

1857年，托尔斯泰来到欧洲，看到了资本主义社会的矛盾重重，想要寻找解决问题的方法和途径，却未能成功。他发表了短篇小说《琉森》《三死》《家庭幸福》，开始思考生死、痛苦与幸福等问题，思考如何消灭社会罪恶，进行社会改革。

1860年，托尔斯泰再次来到欧洲，考察了西方的教育制度，结识了赫尔岑、狄更斯、普鲁东等著名文学家。在他们的影响下，他认识到俄国社会的局限性以及农奴制度的落后。他认为俄国应该根据国情建立小农经济社会，贵族应该走向“平民化”。其间，他创作了中篇小说《哥萨克》。1861年，俄国进行了农奴制改革，他投入改革中，积极调节地主和农民之间的矛盾，并且创办了农民子弟学校。

1869年，托尔斯泰完成长篇历史小说《战争与和平》，它标志着托尔斯泰思想的转变。小说描写了四大家族的兴衰历史，反映了当时俄国社会的一系列重大历史变革，包括农奴制改革、卫国战争等。小说结构宏大，场面广阔，人物众多，描写细致，可以说是一部具有史诗特色的鸿篇巨制。它展现了整个俄国广阔的社会画面，反映了俄国人民的爱国热情和民族精神。同时，它反映了作者对于俄国前途和命运的思考，特别是对于贵族现状、出路等问题的思考

▲ 托尔斯泰与家人

和探索。

从1873年开始，托尔斯泰开始创作第二部里程碑式巨著《安娜·卡列尼娜》，历经5年时间、12次修改，终于得以完成。这部小说主要反映了农奴制改革后俄国社会的各种矛盾冲突，反映了社会各阶层对人生、命运的思考和探索。这部小说是托尔斯泰小说艺术的集中体现，说明他的小说艺术已经达到炉火纯青的境界。

1881年，托尔斯泰来到莫斯科，之后参加法庭审判，调查平民区，广泛接触监狱、法庭、教会，这使他对俄国社会矛盾的认识更加深刻，也使他的思想发生巨大转变。他更倾向于农民，彻底与贵族决裂，放弃伯爵的头衔，拒绝当陪审官。他深入农民生活，穿着粗布衣服、树皮鞋，每天劈柴担水，过着最朴实、普通的生活。而他的平民思想全部体现在《忏悔录》这部作品中。

这里有一个故事，说明托尔斯泰已经完全抛弃了贵族思想。有一次，托尔斯泰坐火车去旅行，只买了三等候车室的座位。其间，一位老太太指使托尔斯泰为她取提包，并且给他一枚铜板做小费。当时，有人告诉老太太真相，老太太立即恳请托尔斯泰原谅，并想收回那枚铜板。谁知托尔斯泰笑着说：“您不用如此激动，您又没做坏事……这个铜板是我花力气挣来的，您怎么可以收回呢？”

之后，托尔斯泰又完成了第三部里程碑式的作品《复活》。托尔斯泰曾经听过一个故事：一个上流社会的年轻人担任法庭陪审员时，发现一个被控犯盗窃罪的妓女是亲戚家的养女。他曾经诱奸过这个女孩，并让她怀孕，之后女孩被赶出家门。女孩生下了孩子，把孩子送到育婴堂，之后沦为妓女。年轻人悔恨自己的过错，于是向身为检察官的柯尼求情。同时，他希望能与女孩结婚，为自己赎罪。柯尼同情这两个人，但是不同意两人结婚。可年轻人非常固执，坚持要与女孩结婚。婚礼前不久，女孩却因为伤寒病去世了。

这是个悲剧故事，给托尔斯泰留下深刻的印象，他根据这个故事创作了著名的小说——《复活》。《复活》是他长期思想、艺术探索的总结，也是对俄国社会批判最全面、深刻的作品，在俄国和世界文学史上有非常重要的地位。托尔斯泰的作品反映了俄国19世纪末20世纪初的社会现实，被列宁称为“俄国革命的镜子”。

晚年时期，托尔斯泰力求简朴、节俭，过着最普通的生活。1910年10月，他离家出走，最后病逝于一个小车站，享年82岁。

喜剧大师——莫里哀

莫里哀是法国最著名的作家之一，古典主义喜剧的开创者，被誉为欧洲最杰出的喜剧家。

莫里哀是他的艺名，本名是让·巴蒂斯特·波克兰。他出生于巴黎一个贵族家庭，父亲是世袭的王室侍从。虽然他长期生活在上流社会，受到良好的贵族教育，但是时常跟随外祖父观看民间戏剧。据说他听过唯物主义哲学家伽桑狄讲学，受其自由思想的影响。

父亲希望他学习法律，但是莫里哀热衷于戏剧，希望做一名戏剧演员。1643年，他放弃王室侍从的世袭权利，和一些志同道合的年轻人创建了“光耀剧团”。他不顾世俗成见和父母的反对，毅然与伙伴们从事戏剧事业。但是，剧团生意并不好，经营惨淡，甚至还负债累累。不过他并没有放弃，始终坚持自己的理想。

之后的十几年内，他们游历和考察法国的每个城市，深入生活、体验生活。这让莫里哀增长了见识，也对社会各种问题有更深刻的认识和思考。其间，他创作了一系列颇具影响的喜剧，受到社会各阶层的喜爱。1658年，莫里哀回到巴黎，在卢浮宫演出《多情的医生》，大获成功。路易十四也非常喜欢这部剧，要求他们留在巴黎。

莫里哀深受文艺复兴思想的影响，他憎恨昏庸、腐朽的贵族

▲ 莫里哀雕像

和黑暗、封闭的封建统治。他通过作品揭露了封建统治的腐朽、黑暗，批判了贵族的丑恶嘴脸、僧侣的坑蒙拐骗。同时，他非常同情劳动人民，赞扬了劳动人民的勤劳和善良。他利用嬉笑怒骂的高妙手段讽刺了社会各阶层的丑恶嘴脸，让他们在观众的笑声中受到批判。

莫里哀创作了大量的戏剧和诗作，其中代表作包括《可笑的女才子》《丈夫学堂》《太太学堂》《伪君子》（又名《达尔杜弗》）《愤世嫉俗》《悭吝人》（又译《吝啬鬼》）等。《伪君子》是莫里哀最出色的作品，在欧洲喜剧里有极高的地位。

《伪君子》里的主人公达尔杜弗表面是虔诚的天主教徒，实际上是奸险狡诈的宗教骗子。他来到奥尔贡家，用花言巧语蛊惑奥尔贡和他的母亲白尔奈耳太太，让他们视他为圣人。他极力在一些细小琐事上表现出仁爱、慈悲的德行。一天，他祷告时掐死一只跳蚤，事后竟然忏悔不应该害死一个小生命。奥尔贡对他非常崇拜，认为他是有极高德行的圣人，并且打算让女儿嫁给他，把财产全部留给他。

在达尔杜弗的挑拨下，奥尔贡把儿子赶出家门，一分钱都没留给他。可令他没想到的是，达尔杜弗竟然企图勾引自己的妻子。之后，达尔杜弗的罪行被揭穿，不但企图霸占奥尔贡的财产，还企图利用奥尔贡的秘密来陷害他。最后，他竟然厚颜无耻地说这是为了上帝和国王。

《伪君子》是一部现实主义作品，揭露了大主教、高级僧侣、皇亲国戚等伪善的真实面目，直到今天，“达尔杜弗”都被视为“伪善”的同义词。《伪君子》第一次在凡尔赛宫试演，就遭到了宗教人士、贵族的仇视和谴责。他们在路易十四面前极力攻击莫里哀，很快《伪君子》被禁演。为此，莫里哀不得不多次修改剧本，先后两次向路易十四请求，甚至承诺不再写喜剧。可他还是失败了。直到5年后，《伪君子》才得到公开演出的机会，一经上演就在社会上引起强烈反响，受到观众的热烈欢迎，成为莫里哀最受欢迎的戏剧之一。

《悭吝人》也是莫里哀最出色、最受欢迎的喜剧之一，它讽刺了资产阶级贪婪、吝啬的本质。主人公阿尔巴贡是一个视钱如命的高利贷者，即便在儿女面前都吝啬无比。他嫌弃儿子花他的钱，甚至为了赚钱让儿子去赌博、放高利贷。在女儿的婚姻上，他考虑最多的问题是对方是否要求嫁妆。他把一万金币埋在花园里，没想到被人偷走。他痛苦万分，甚至想要自杀。他把家人当作偷钱贼，甚至想要把家人送进监狱。对于他来说，金钱就是他的“命根子”，没有任何东西比钱更重要。莫里哀用喜剧的夸张手法，刻画了阿尔巴贡吝啬、贪婪的形象，用强烈的对比和反差，反映了资产阶级在金钱面前赤裸裸的利益关系。

莫里哀是最出色的喜剧大师，在全世界享有极高地位，可是他的人生是一场悲剧。他的作品非常出名，他的名声也非常大，但剧团经营非常惨淡，他不得不不辞辛苦地带病演出。1673年，他演完戏剧《无病呻吟》最后一幕后就病倒了，当晚就去世了。因为教会的阻挠，人们只能把他草草下葬，没有任何仪式。

莫里哀不仅是一位出色的剧作家，还是出色的导演、造诣极高的演员。他把全部精力和心思都投在戏剧上，促进了戏剧的蓬勃发展。歌德给予他很高的评价：“他的喜剧接近悲剧，戏写得那样聪明，没有人有胆量模仿他。”

法兰西诗神——雨果

维克多·雨果是法国文学史上最伟大的作家之一，也是法国浪漫主义文学运动的杰出领袖，在法国和世界文学史上有极高的地位。浪漫主义是法国19世纪影响最大的文学流派，而雨果是浪漫主义流派最杰出的、最具有代表性的作家。

雨果创作出大量卓越的文学作品，创作生涯长达60年。他的小说生动精彩、雄浑有力，直到今天仍受到读者欢迎，给读者极大的心灵震撼。

1802年，雨果出生于法国南部的贝桑松城，父亲是拿破仑手下的军官，深受西班牙国王约瑟夫·波拿巴器重和信任，被授予将军头衔。中学时代，雨果对文学产生浓厚兴趣，曾经为《文学保守派》杂志投稿。受家庭因素影响，最初他的作品都是以歌颂国王和宗教为主题。

《汉·伊斯兰特》是他的第一部长篇小说，表现出他杰出的文学才华，受到著名小说家诺蒂埃的赞赏。受诺蒂埃影响，雨果的思想开始转变，脱离宗教和封建思想，摆脱古典主义束缚，成为浪漫主义学派的领袖人物。

1827年，雨果为自己的剧本《克伦威尔》写了长篇序言，后来它成为浪漫主义学派的文艺宣言。雨果提出了反对古典主义的观点，拒绝用公式化的语言表现情节，主张用具体化的语言来表现情节、刻画人物。他宣扬了真善美与伪恶丑对照的原则，提出了浪漫主义的文学主张，推翻了古典主义的统治地位。

1830年，他创作的浪漫剧《欧那尼》上演，拥护古典主义和浪漫主义的两派观众发生激烈冲突，在社会上引起很大反响。而这被称为“欧那尼事件”，是浪漫主义战胜古典主义的标志。此后，浪漫主义进一步发展，涌现出巴尔扎克、司汤达、左拉等伟大作家。可以说，雨果对于浪漫主义文学运动产生了巨大影响。如果没有雨果，这些作家便不可能取得如此辉煌的成就。

雨果的作品不仅具有极高的文学价值，还具有鲜明的政治斗争性。他的代表作《巴黎圣母院》便带有鲜明的斗争性。故事发生在15世纪的巴黎，主人公吉卜赛女郎爱斯梅拉达在街头卖艺，巴黎圣母

◀ 雨果雕像

院的副主教克洛德·弗罗洛贪恋她的美貌，想要占有她，于是便命令丑陋的撞钟人卡西莫多劫持她。结果弓箭队队长费比斯救了爱斯梅拉达，两人产生爱情的火花。弗罗洛非常嫉妒和憎恨费比斯，趁两人幽会时刺伤了他，并且嫁祸给爱斯梅拉达。爱斯梅拉达被判处死刑，卡西莫多因为倾慕她而冒死救了她，并把她藏在圣母院的钟楼上。很快，弗罗洛又找到她，威逼她和自己在一起。但是爱斯梅拉达宁死不屈，弗罗洛把她交给官兵。最后关头，卡西莫多把弗罗洛推下钟楼，自己则抱着爱斯梅拉达的尸体逃入墓地，自杀而死。

通过这部小说，雨果批判了天主教会的虚伪和黑暗，揭露了封建司法制度的不公。同时，他利用了“美丑对照”原则，把副主教弗罗洛和敲钟人卡西莫多进行对比，通过强烈的对比突出了前者的虚伪、丑陋以及后者的善良、高尚。

之后，雨果的创作和现实更加紧密结合，凸显社会各种矛盾、问题以及个人的思想情感。拿破仑第三帝国复辟以后，他被迫流亡海外19年，其间创作了《小拿破仑》等檄文，以及《惩罚集》《凶年集》等诗篇。这些作品反映了他反对专制统治、向往光明和进步的思想，并且赞扬了法兰西人民勇敢斗争的精神。

他的不朽巨著《悲惨世界》，淋漓尽致地体现了他的人道主义理想，以及他对于光明、未来的向往和渴望。主人公冉·阿让是一个普通青年，虽然贫穷，但是善良、正直。迫于生活，他偷了一片面包，结果被整整关押了19年。出狱后，冉·阿让在米利埃主教的感化下改过自新，改名为马德兰。之后他成为一位乐善好施的富翁，还被推选为市长。这时，警方抓到一个小偷，认定他就是冉·阿让。为了不连累无辜的人，冉·阿让主动承认了身份。冉·阿让再次被捕，曾经被他拯救的女工芳汀因受惊吓而死。后来，冉·阿让假装坠海而死，又经过了无数苦难，终于把芳汀的私生女抚养成人。最后，连他辛苦养大的孤女也因误解而离开了他。

冉·阿让的一生是悲惨的，遭受无数不公、磨难，但是他依旧善良、坚强。作者抨击了社会的黑暗和司法的不公，表现了对底层人民的同情和怜悯。他宣扬了人道主义思想，认为只有仁爱才能拯救人类、消除罪恶。《悲惨世界》是雨果最为著名的著作，被称为现实主义和浪漫主义相结合的典范。

关于《悲惨世界》的出版，还流传着一个有趣的故事：《悲惨世界》完成后，雨果把手稿寄给出版社。过了一段时间没有收到回复，他便写信询问，内容是："？——雨果。"很快，他收到回信，内容是："！——编辑室。"这两封信都只有一个标点符号，被称为"世界上最短的信"，却把意思完全表达了出来，真是叫人拍案叫绝。不

▲雨果与朋友坐在格尔西的阳台上

久，《悲惨世界》出版，轰动世界。

雨果的文学生涯长达60年，出版了19卷诗歌，后人又整理出版了6卷，总共有1000多万字；他出版了众多长篇小说和中短篇小说，共有300万字之多；写作了9个剧本，还有10多卷政论、随笔和游记。他为法国和世界文学历史留下极为丰富的文化遗产，是人们心中最伟大的诗人、戏剧家和小说家。

雨果具有鲜明的人道主义思想，呼吁人道主义精神，同时他还身体力行，致力于人道主义思想的宣扬。1861年，英法联军残忍地火烧圆明园，听闻这个消息，他义正词严地批判了帝国主义的罪恶和贪婪，希望有朝一日法国能良心发现、清洗罪责，把这些财富还给中国。巴黎公社失败后，雨果呼吁赦免被抓捕的公社战士，并且让他们到自己的住所避难，给予他们支持和帮助。

雨果倡导的人道主义精神直到今天仍具有进步意义，值得人们发扬光大。

现代法国小说之父——巴尔扎克

巴尔扎克曾经宣称：“拿破仑用剑开创的事业，我要用笔完成。”他真的做到了，而且他所征服的疆域比拿破仑辽阔得多。拿破仑只是征服了土地，而巴尔扎克征服了人们的大脑和思想，可以说，他是比拿破仑更伟大的英雄。

巴尔扎克是法国伟大的批判现实主义作家，是欧洲批判现实主义文学的奠基人。他所有作品都收录在《人间喜剧》中，包括长、中、短篇小说和随笔等。他的作品对欧洲和世界文学的发展产生了巨大影响，被马克思、恩格斯称为“超群的小说家”“现实主义大师”。

1799年，巴尔扎克出生于一个资产阶级家庭，虽然学习法律专业，但立志成为一名文学家。为了从事创作和生活，他曾经尝试做生意，投资过出版印刷业，但都失败了。为此，他负债累累，直到去世前仍不停地写作还债。悲惨的命运也让他更深刻地认识社会、现实的苦难，为真实地描写社会现实积累了极为珍贵的材料。除了文学创作，他还深入研究哲学、经济学、历史、自然科学、神学等各学术领域，是一位知识广博的思想家、科学家。

1820年，巴尔扎克创作了诗体悲剧《克伦威尔》，可是这部作品并不成功。当他朗诵时，听众竟然全部睡着了。这次失败并未让巴尔扎克放弃，他开始总结经验，放弃诗歌转而写小说，但他再次失败了。两年时间内，他都没能写出像样的作品。他依旧没有放弃，坚持追求自己的文学梦。这让他的父亲非常愤怒，决定断绝对他的经济支持。

1829年，巴尔扎克终于完成长篇小说《朱安党人》，而这部小说大获成功，为他赢得很高的声誉。之后，巴尔扎克把《朱安党人》和之后计划要写的小说命名为《人间喜剧》，并且提前写好了前言。在前言中，他阐述了现实主义的创作方法和基本原则，开启了法国批判现实主义文学创作的新时代。

经过不断探索，巴尔扎克的艺术创作趋于成熟，思想也发生很大转变。之后，他的艺术创作进入旺盛时期，共创作了90余部中、长篇小说，包括《欧也妮·葛朗台》和《高老头》。还债是他努力创作的动力，但更重要的是，他对创作充满激情，并且为自己树立了远大的目标。

巴尔扎克每天笔耕不辍，写作时间超过18个小时，时常通宵不眠。每当困倦、疲劳时，他就会用浓烈的黑咖啡来提神。他每天都把时间安排得满满的：半夜12点到第二天中午12点写作；中午到下午4点修改校样；下午5点半上床睡觉。

他的写作速度非常惊人，一晚上可以写出两部短篇小说，而写一部中篇小说只需三天，写一部长篇小说只需两个星期。据说，他只花了三天三夜就写出了《高老头》。当然，速度快不代表他敷衍、不认真，不代表作品质量不高。相反，巴尔扎克的作品质量非常高，他对待写作始终保持严肃认真的态度，每篇手稿都经过一遍又一遍的修改。

《欧也妮·葛朗台》是巴尔扎克的代表作，描写了一个吝啬、贪婪的老头葛朗台。葛朗台原本是一个贫穷的木匠，靠着投机发了大财，成为当地有名的富翁。他视钱如命，为了赚取财富不择手段，甚至利用女儿的婚姻来赚钱。虽然他非常富有，但是从来不舍得花一分钱，对家人非常苛刻、吝啬。他的女儿欧也妮爱上了堂兄弟查理，但是葛朗台嫌弃他是一个穷人，还把他赶出家门。他把女儿关在阁楼上，每天只给她喝冷水，吃劣质面包。到了寒冷的冬天，他也不让女儿生火，让她忍受着寒冷。后来，葛朗台死了，临死前还让女儿把金币铺在桌子上，他死死地盯着金币。最后，女儿得到了巨额遗产，却只能孤零零地一个人生活，失去了爱情和幸福。

这部小说揭露了资本主义社会人与人之间赤裸裸的金钱关系，批判了人们的贪婪、吝啬、无情，以及资本主义社会的罪恶。之后，葛朗台成为一个举世闻名的吝啬鬼，也成为贪婪、吝啬的代名词。

《高老头》也是巴尔扎克的代表作，是最能反映巴尔扎克特点的作品。主人公高老头是一个退休的面粉商人，他中年丧妻，把所有希望都寄托在两个女儿身上。为了进入上流社会，他把一个女儿嫁给了贵族，把另一个女儿嫁给了银行家。女儿出嫁时，高老头把全部财产都分给了她们做嫁妆，希望她们能在上流社会如鱼得水。可女儿们抛弃了他，生活上放荡、挥金如土，甚至对他置之不理。高老头被气出重病，临死前想要见女儿一面，结果女儿们竟然高兴地去参加舞会。高老头死后，两个女儿都不肯为他下葬，最后还是一个穷大学生帮他下葬。

巴尔扎克是一位伟大的艺术家，在艺术上取得了巨大成就。他的小说结构独具匠心、不拘一格，并且将集中概括与精确描摹完美结合起来，通过外形描写来刻画人物的内心、塑造人物的性格，具有非常高的文学价值。他还擅长描写环境，通过精细入微的环境描写突出社会环境的变化和发展，再现了法国当时的真实风貌。

《人间喜剧》塑造了葛朗台、高老头、吕西安、高布塞克等不同阶级的典型人物，表现了贵族阶级的没落和衰败、资产阶级的发展。他的人物具有鲜明的时代色彩和个性色彩，突出展现了社会各阶层的生动形象。可以说，他真实地反映了当时法国乃至欧洲的社会现实。

雨果曾经评价巴尔扎克：“在最伟大的人物中，巴尔扎克是名列前茅者；在最优秀的人物中，巴尔扎克是佼佼者。”

▶ 巴尔扎克之墓

童话大王——安徒生

1805年4月，一个婴儿出生了。啼哭声非常响亮，教士说："孩子的啼哭声越大，长大后歌声就越响亮、优美！"果然，这个婴儿的歌声响彻整个世界，让全世界的孩子都跟着他歌唱，甚至比圣诞老人更受孩子们的欢迎。他就是汉斯·克里斯蒂安·安徒生。

安徒生出生于丹麦欧登赛城一个落后又封闭的小镇。他的父亲是一名小鞋匠，家境贫寒，可是他读过很多书，时常给孩子们讲各种动听的故事，带孩子们玩有趣的游戏。在父亲的教育下，安徒生具有丰富的想象力，对读书产生了浓厚的兴趣。

在欧登塞，人们都是上帝忠诚的信徒，同时相信女巫的存在。安徒生从小就听大人们讲《一千零一夜》里离奇、浪漫的故事，这让他的小脑袋里充满各种稀奇古怪的想法。他的脑海里时常浮想联翩，有时会跟着精灵玩耍，有时会跟着天使飞奔。而这些古老传说以及童年幻想，都成为他之后创作的源泉。

小学时期，安徒生喜欢学校里的女孩萨拉，把她想象成童话里的公主，渴望接近她、与她交流。他时常和萨拉一起回家，即便过了自己家还默默地陪伴着她。萨拉的家庭也贫苦，她想成为农场的管事。安徒生惊讶地说："那多无聊啊！你是公主，怎能当管事呢？长大以后，我一定把你接到我的城堡。"萨拉被逗得哈哈大笑，心想这小家伙肯定是疯了，他这么贫穷，怎么可能有城堡呢？第二天，磨坊主的儿子奥来故意前来羞辱安徒生，嘲笑他说："亲爱的公爵大人，你的城堡在哪里啊？"周围的人听了，哈哈大笑。

▲ 安徒生雕像

11岁时，安徒生的父亲去世，家里生活更加艰难。14岁时，安徒生独自一人来到首都哥本哈根，开始学习唱歌。后来他因为生病毁了嗓子，只能离开歌唱学校，开始学习文学和写作。因为出身贫寒，安徒生时常受到他人的嘲笑和欺负。即便如此，他仍刻苦学习，认真阅读各学科书籍。他时常到图书馆读书，不仅增长了见识，还激发了写作热情。

1829年，他出版了第一部著作《从霍尔曼运河到阿玛东部步行记》，之后又创作了喜剧《尼古拉塔下的爱情》，并且在皇家剧院公开演出。演出大获成功，他因此在文学上崭露头角。但是由于他出身"低贱"，时常受到一些无聊文人的嫉妒和攻击。第二年，他离开哥本哈根，回到故乡菲英岛。

从1831年开始，他开始到世界各地旅行，这成为他生活的重要组成部分，直到68岁他还兴致勃勃地到瑞士旅行。安徒生的旅行非常随意，只带着一把雨伞、一根手杖和简单的行囊。旅行的过程中，他坚持从事文学创作，先后完成《阿马格岛漫游记》《幻想速写》《旅行剪影》等作品。其中自传体长篇小说《即兴诗人》，受到读者热烈欢迎，在全世界赢得很高的声誉。

安徒生博学多闻、多才多艺，不仅是一位出色的诗人、剧作家、游记作者，还是一位剪纸艺术家。在安徒生博物馆中，陈列着很多精美的剪纸图案，其中有挂在圣诞树上的舞蹈者、各种花卉和动物，以及他的自画像剪影。

但是安徒生最大的成就还是童话。安徒生经历了贫苦不幸的童年，他了解孩子们内心的寂寞和痛苦。他希望给孩子们带来快乐和幸福，并认为诗歌并不能给予孩子们慰藉，只有童话才能给孩子们带来无限的快乐、希望，并且教导孩子们一些人生道理。

1835年，安徒生出版了第一本童话集，其中包括《打火匣》《小克劳斯和大克劳斯》《豌豆上的公主》《小意达的花儿》4篇童话。这些童话的创作灵感都来自他的亲身经历，包括童年时期美好的幻想、经历等。自此之后，每到圣诞节时，安徒生都会为孩子们创作一本新童话，整整持续了43年之久，直到生命结束。

安徒生共创作160余篇童话，包括我们熟悉的《丑小鸭》《坚定的锡兵》《野天鹅》《夜莺》等。他的语言像诗歌一般美好，情节奇妙，故事感人，让孩子们喜欢不已。同时，他不仅为孩子们讲动听的故事，还让孩子们从故事中懂得更多人生哲理，教育孩子们快乐、健康地成长。

安徒生的童话充满了奇幻、浪漫、神奇的色彩，同时充满了对贫苦孩子的同情。最具有代表性的是《卖火柴的小女孩》。在寒冷的新年前夜，可怜的小女孩穿着破旧单薄的衣服走在街道上，向路人们卖火柴。可是没有人买她的火柴，整整一天她一根火柴都没有卖掉。小女孩非常冷，但不敢回家，只能蜷缩在墙角。她划燃一根根火柴，在微光中她幻想着美味的食物、温暖的壁炉、慈祥的奶奶……可幻景一闪即逝。

▲ 安徒生之墓

新年来了，人人都欢喜地迎接新年，小女孩却已冻死街头。没有人知道，在寒冷的冬夜有多少孩子被冻死……安徒生同情这些孩子的命运，但是他没有能力解决问题，只好把希望寄托于童话、天国。

晚年的安徒生体弱多病，幸运的是，他始终受到人们的支持和热爱。安徒生非常受人欢迎和尊重，当他走在哥本哈根大街上，人们都会恭敬地和他打招呼、向他致意。这些人都是喜爱安徒生童话的人，知道他走过的艰辛道路，同时也受到童话的激励和鼓舞。

一位大学生曾经寄给他一棵干枯的四叶草，据说四叶草能给人带来幸运和幸福。这位年轻人小时候就找到了这棵草，把它夹到一本书里。年轻人听说安徒生小时候吃了很多苦，他希望安徒生能获得幸福。同时，他非常喜欢安徒生的故事，因为那些童话一直激励着他，伴随着他长大。

1875年8月4日，这位童话之王去世了。虽然他离开了这个世界，但是他的童话永远陪伴着人们。

现代戏剧之父——易卜生

亨利克·易卜生是挪威最著名的喜剧大师，是欧洲近代戏剧的开创者。他在戏剧历史上有非常大的影响，和莎士比亚、莫里哀齐名。

易卜生家庭非常困难，这使得他的童年生活非常艰苦、贫寒，他没有接受多少正规教育。15岁开始，易卜生就不得不外出谋生，在药房里当学徒。他非常喜欢读书，喜欢阅读莎士比亚、歌德、拜伦等著名作家的著作，并且对文学创作产生了浓厚兴趣。学徒生活非常艰苦，却磨炼了他的意志，为他积累了丰富的生活阅历和人生经验。

1850年，易卜生来到挪威首都奥斯陆，想要报考医科大学。但是因为希腊文、数学和拉丁语口语成绩不佳，他并未被录取。之后，易卜生结识了很多思想进步的朋友，受到进步思想的影响，积极参加革命运动。他积极地为《工人协会报》等先进刊物撰稿，还认识了挪威社会主义者马尔库斯·特兰内，与他成为要好的朋友。之后，他跟随特兰内一起参加工人运功，出版讽刺周刊《安德里姆纳》。

其间，他写了十四行诗《觉醒吧，斯堪的纳维亚人》，慷慨激昂地批判了普鲁士侵略者，积极号召挪威和瑞典共同反抗侵略者，维护国家的独立和统一。他还完成了第一部历史剧《卡提利那》，

▲ 易卜生雕像

把罗马历史上的“叛徒”塑造成为维护自由而斗争的英雄，号召人们为了自由、民主、统一而奋斗。

从1851年开始，易卜生为卑尔根剧院创作剧本，得到剧院创始人的赏识和器重，成为剧院的剧作家、编导。他先后为卑尔根剧院创作了很多出色的剧本，包括《仲夏之夜》《勇士之墓》《埃斯特罗的英格夫人》《索尔豪格的宴会》《奥拉夫·利列克朗》等代表作。同时，他还参与编写了很多剧本，受到观众的欢迎。

从为卑尔根剧院创作剧本开始，易卜生的生活有所改善，艺术开始趋向成熟。但是他也面临着一个问题，那就是不得不按照传统进行创作，必须顾及剧院无聊而庸俗的需求。这让他陷入矛盾和痛苦中。之后，卑尔根剧院倒闭，他便下决心移居意大利，开始了长达27年的漂泊生活。

▲ 易卜生使用过的抽屉

其间，他创作了代表作《彼尔·金特》《玩偶之家》，这些作品不再为了满足人们的消遣和玩乐需求，而是开始反映现实、揭露社会的种种问题。他重新回到古希腊戏剧的风格，开始对人的灵魂进行批判。他一生共创作20多部戏剧，除早期一些浪漫抒情诗剧外，大部分是现实主义散文剧，反映了当时普遍而又重大的社会问题。其中以《社会支柱》《玩偶之家》《群鬼》和《人民公敌》最为著名。

易卜生的笔锋犀利，具有深刻的现实意义。他揭露了资产阶级的腐烂、丑恶，戳穿了资产阶级的虚伪面目，批判了整个资本主义社会的虚伪和荒谬。他没有用老套的戏剧方式去揭露社会问题，而是用提问的方式激发观众去思考，被称为“伟大的问号”。

《玩偶之家》最为著名，批判了资产阶级的市侩、虚伪，批判了资本主义私有制下的婚姻关系、男权思想，控诉了男权社会对于妇女的压迫和残害。

女主人公娜拉表面上是一个涉世未深的妇女，是人们印象中的柔弱女子。然而她善良、坚强、有毅力，为了给丈夫治病，挽救丈夫的生命，不惜向别人借了高利贷。可是，她根本不能按时还债，只能偷偷模仿父亲的签字。丈夫知道真相后，竟然不愿意和她共同承担债务。最后，她终于觉醒了，认识到自己不过是丈夫的玩偶，从来就没有得到尊重。她毅然与丈夫决裂，选择离家出走，摆脱了玩偶的地位。

易卜生通过娜拉的经历，揭露了资本主义婚姻、家庭关系的假象，以及资产阶级的虚伪本质，同时他提出一个尖锐的问题，即妇女觉醒和解放。这在当时引起巨大的轰动。

娜拉出走之后怎么办？这是读者最为关心的问题，可是易卜生并没有给出答案。易卜生痛恨资产阶级的庸俗、虚伪，不惜与其进行斗争。但是，他本身具有小资产者固有的思想局限性，无法从根本上解决这个问题。所以，他只能让娜拉离家出走，却不能让娜拉真正解放。

娜拉想要真正解放，需要从思想上彻底明白反抗的意义。娜拉觉醒之前受制于丈夫，是因为经济上受制于丈夫。她想要真正脱离控制、实现解放，就必须实现经济的独立。只有如此，她才能得到尊重，争取独立的人格。资产阶级妇女也是如此。想要真正解放，就必须在经济上争取独立，同时对社会经济关系进行彻底改革。

在世界文学史上，易卜生提出了无数发人深省的问题，直到今天，这些问题仍令人深思，促使人们思考如何解决各种社会问题、社会冲突。在这个意义上，易卜生的戏剧对于无产阶级以及全人类具有非常重要的影响，也为人类留下了宝贵的文化财富。

印度诗圣——泰戈尔

喜马拉雅山脚下有一个神秘、美丽的国家，它就是印度。它就是我们所说的“西天”，是《西游记》中唐僧朝圣取经的地方，也是信佛者心中的圣地。

在这片神奇的土地上，涌现出很多优秀人物。但是我们最为熟悉的人物，恐怕只有甘地和泰戈尔。相对于甘地，泰戈尔仿佛更具有魅力。他是印度最伟大的诗人、哲学家、爱国者、艺术家，在世界文学历史上占据非常重要的地位。

1861年，泰戈尔出生于印度的加尔各答，父亲是一位有名望的哲学家和宗教改革者，几个哥哥也是积极的革命者。受此影响，他思想进步，积极参加文艺复兴运动。同时，他对文学非常感兴趣，表现出创作才华。他8岁开始作诗，17岁就发表了叙事诗《诗人的故事》，在印度赢得名望和地位。

之后，泰戈尔来到英国伦敦大学读法律，却对英国文学和西洋音乐产生浓厚兴趣，并且把大部分时间和精力用来研究它们。回到印度后，泰戈尔开始文学创作，并尝试创造出一种更适合印度社会发展的作品。他创作了很多文学作品，包括《暮歌》《晨歌》等诗作，抒发了自己热爱大自然、向往自由的情感。

1903年，他的诗集《新月集》出版，诗作淳朴、自然，生动地描绘了儿童们的游戏，表现了孩子们的心理和活泼的想象。这部诗集实现了内容到形式的创新，开创了印度文学上的新诗风。

1890年，泰戈尔接管父亲的庄园，开始享受惬意的乡村生活。在那里，他过得非常快乐，时常河上泛舟，欣赏大自然的美丽风景。同时，他深入接触农村社会，认识到英国殖民者的残暴和地主阶层的专横、贪婪，更看到了贫苦农民的贫穷、苦难。他写了很多诗歌和短篇小说，塑造了贫穷而质朴的农民形象，表现了贫苦人民的悲惨命运，批判了殖民者惨无人道的统治。

1901年，泰戈尔离开庄园，到桑地尼克丹创办学校，希望能为印度的教育事业做出自己的贡献。他亲自授课，希望能唤醒印度人民的民族精神，改变印度农村的社会面目。这所学校就是现在的印度国际大学。

泰戈尔主张民族独立，积极参与印度的民族独立运动，创作了很多爱国歌曲和诗作。他积极参加反英示威游行，并且四处发表演

▲ 泰戈尔雕像

说，对于殖民者残害印度人民的罪行表示抗议和愤怒。

为了探寻民族独立之路，他周游世界各国，考察各国民族独立的情况，希望能学到一些有价值的经验。1924年，他来到中国，对中国人遭受的苦难表示深切同情，并且被中国古老的文化所吸引。他希望亚洲人团结起来，一起谋求民族解放的出路。

泰戈尔一生创作丰富，创作了50多部诗集、12部长中篇小说、30多部散文作品、20多种剧本、100多篇短篇小说，为后人留下丰富的精神财富。

泰戈尔最突出的贡献是诗歌，被称为“诗圣”。他的诗歌格调清新，意境深远，富有哲理性，最为著名的包括《新月集》《吉檀迦利》《飞鸟集》《园丁集》等。其中，诗集《吉檀迦利》表达了他对祖国和人民最深切的热爱。泰戈尔因为这本诗集被授予诺贝尔文学奖，成为第一个获得诺贝尔奖的东方作家。

泰戈尔的诗歌具有极高的文学价值，庞德给予极高的评价，说

▲ 泰戈尔纪念馆

他是一位大诗人，比任何一个诗人都要伟大，“几乎所有批评家和诗坛巨子都应尊称他为大师”。

他多才多艺，还精通绘画、作曲，创作了1500多幅画、2000多首歌曲。1950年，印度独立，他创伤的歌曲《人民的意志》被定为国歌。

泰戈尔一生都在为印度的民族解放事业奋斗，他是一位伟大的诗人，也是一位伟大的革命者。他的作品不仅对印度文学的发展产生极为深远的影响，还对印度的民族独立产生重大影响，激励着印度人民为自由、解放而奋斗。

世纪文学之父——卡夫卡

在世界文学史上，卡夫卡是一位非常特殊的文学大师。他不是本国或本民族的代言人，也不是某个时代的代表。他成长在捷克，之后又在意大利生活和工作；他的母语是德语，血统是犹太人。他的身份非常特殊，以致人们无法为其定性。

因为身份的矛盾性和特殊性，他不被理解，而被敌意所包围，独自承受着孤独、寂寞甚至绝望。可正是因为这些，他才取得不朽的文学成就，成为西方现代主义文学的先驱之一。

1883年7月，卡夫卡出生于布拉格的一个犹太家庭，家境富裕，是兄妹四人中最年长的。父亲是一个白手起家的商人，性情专横、粗暴，在家中说一不二，习惯控制所有人。中学毕业后，卡夫卡考入大学，先是学习了14天的化学，又转而学了半年的德国文学，但都兴趣不大，最后选择了读法律。1906年6月，卡夫卡在布拉格卡尔·费迪南特皇家德语大学取得法学博士学位。毕业后，卡夫卡只做了一年与法律有关的工作，就到一家意大利保险公司做了小职员。

他的身体一直虚弱，时常患病。1917年，他患上结核症，之后身体更加虚弱。1922年，他的病情加重，不得不选择离职。

卡夫卡非常热爱文学，从小就喜欢读易卜生、斯宾诺莎、尼采、克尔凯郭尔及达尔文等人的文学作品和哲学作品。大学期间，他利用业余时间创作，时常与同学参加一些文学活动。参加工作之后，他依旧利用空闲时间创作，后来因病休养后也把大部分时间花在写作上。其间，他创作了数十篇短篇小说，《审判》《城堡》和《美国》三部长篇小说，还有很多日记和书信。可以说，卡夫卡是一位非常勤奋的作家，即便长期患病，仍然坚持创作。

▲ 卡夫卡雕像

卡夫卡的作品多沉闷、阴郁，因为他终生生活在痛苦与孤独中，所以作品强调了社会的陌生感，人与人之间的疏离、隔绝，以及小人物的恐惧、不安、迷茫。他笔下的人物充满矛盾，遭到压迫却不敢反抗，也无力反抗。

《城堡》是卡夫卡最具代表性的作品，主人公是土地测量员K，在一个寒冷的雪夜，他独自一人长途跋涉来到城堡。他希望见到城堡的主人，希望能留在这里，在附近的村庄成家立业。但是从他来到城堡那一刻起，他的命运就注定了——即便他竭尽所能，即便他付出再多，也永远无法踏进城堡。

卡夫卡笔下的所有主人公都是自己的化身，或是叫K，或是叫卡尔，或者名字结构与卡夫卡相似。他们个性害羞、胆怯、懦弱、善良，长期生活在“暴君”父亲的阴影下。他们想要反抗，却不敢反抗；想要摆脱控制，却没有勇气，最后只能陷入无助、失望、迷茫。

生前，卡夫卡的作品几乎无人关注，不被人理解，甚至极少发表。他的第一部小说集《观察》，共印刷了800册，但几乎无人问津。在布拉格有一家著名的书店，几年的时间里只卖出11册，其中10册都是他自己购买的。直到第二次世界大战后，卡夫卡的作品才被世人关注和认可，他越来越有名气，越来越受人推崇。

1924年，卡夫卡因病去世，时年41岁，被安葬在布拉格的一座公墓。他始终没有结婚，曾3次订婚，都是自己主动解除婚约的。去世前半年，他和一位女教师生活在一起，直到离开人世。

1963年，卡夫卡80周年诞辰，他的故乡举办了盛大的学术讨论会，不仅认可了卡夫卡在文学上的成就，还扩大了他的影响力。自此，卡夫卡成为世界上最重要、最有影响力的作家之一，众多作家、评论家给予他极高的评价。卡夫卡的作品对于现代西方文学具有极大的影响，小说揭示了一种荒诞的非理性的色彩。

▲ 卡夫卡之墓

卡夫卡的作品风格沉重，情节离奇，主题曲折晦涩，这种独特的艺术手法促进了荒诞派戏剧、黑色幽默小说等文学流派的兴起与发展。他的见解非常独到，具有深刻的批判性和鲜明的个性色彩。因此，他被誉为“20世纪最优秀的作家之一”，被视为现代派文学的鼻祖、表现主义文学的先驱者。

德国著名作家托马斯·曼给予他高度评价，说他的作品是“最值得一读的世界文学名作”。而黑塞也曾经说他具有创造性，“尽管充满痛苦地表达出了伟大变革的预感”。之后西方的学者开始研究卡夫卡，并且形成一门新的学科。

幽默大师——马克·吐温

1835年，马克·吐温出生之时，恰好哈雷彗星划过长空。1910年4月19日，哈雷彗星再次划破天空，马克·吐温离开人世。

马克·吐温是世界上最著名的短篇小说家之一，也是美国批判现实主义文学的奠基人。他最擅长幽默讽刺风格，用夸张的方式表达个人的理想，展现人类的弱点。

马克·吐温是他的笔名，本名是塞缪尔·兰霍恩·克莱门斯。他出生于密西西比河畔一个贫苦家庭，父亲是一位律师。他出生时身体非常虚弱，家人都担心他活不长，但是他坚强地活了下来。他从小就非常调皮、不爱上学，时常逃课到离家不远的密西西比河游玩。他常常坐在河边观察周围的景色，还差一点被河水冲走。

▲马克·吐温画像

12岁时，马克·吐温的父亲去世，贫穷的家庭雪上加霜，而他不得不辍学。然而，这对于他来说是值得高兴的事情，因为终于可以离开讨厌的学校。之后，他来到密苏里的一间印刷厂当排字工人，赚钱补贴家用。后来他还做过很多工作，做过生意、做过记者，还参加过军队、打过仗。

他原本想平凡地生活，可一个偶然机会，他的命运被改变了。一天，他在哈尼巴尔街上漫步，捡到一张废旧的纸张，上面记载着15世纪初期法国巾帼英雄琼达克的事迹。马克·吐温非常敬佩她的英勇精神，同情她的悲惨遭遇。他开始了解这位女英雄的事迹，阅读关于她的所有书籍。自此，他开始从事文学写作，创作了很多出色的作品，其中包括以琼达克生平为背景的《忆琼达克》。这部作品表达了他对于英雄的赞美，而他把这部作品视为人生中最伟大、最重要的作品。

马克·吐温共创作23部作品，长篇小说《汤姆·索亚历险记》和《哈克贝里·费恩历险记》是以他小时候的探险经历为背景的，受到人们的喜欢和追捧，可以说是文学史上不可多得的名著。《哈克贝里·费恩历险记》讲述了白人小孩哈克和逃亡黑奴吉姆一起流浪的故事，是《汤姆·索亚历险记》的续集。哈克是一位聪明、善良、勇敢的白人少年，他为了追求自由，逃到密西西比河，遇到了黑奴吉姆。而吉姆则是一个勇敢、诚实、热情、忠诚的孩子，为了逃脱被卖掉的命运，他逃离出来，两人经历了很多惊险的故事。

这部小说批判了奴隶制度的罪恶，揭露了宗教的虚伪、信徒的愚昧，以及私刑的残酷和毫无人性。同时，马克·吐温通过对吉姆的描写赞扬了黑奴的勇敢、善良、无畏，宣扬了自由、平等的理念，希望能消除种族歧视和奴隶制度。这部作品语言清新自然、简洁生动、视角独特，情节引人入胜，被誉为美国文学史上具有划时代意义的现实主义作品。马克·吐温因此获得很多称赞和奖赏，被誉为“美国文学中的林肯”。

马克·吐温一度是世界上稿酬最高的作家，高达几百万美元。可是他很快就把这些稿酬赔光了，最后负债累累。他没有经商才华，却总想着做生意。开始，他创办了一家出版社，但因为经营不善，短短一周就亏了2万美元。接着，他买了一项蒸汽发电机的专利，却毫无用处，耗费了一大笔钱。之后，他又尝试着制造印刷机，结果又失败了，赔了3万美元。

他做了很多尝试，赔了很多钱，却没能抓住真正的发财机会。一天，他遇到了发明家贝尔，被劝说投资电话机。贝尔自信地说有了电话机，人们就可以和遥远地方的人通话。可他认为这是痴心妄想，拒绝投资，只给贝尔一笔钱作为资助。事实证明，若是马克·吐温投资，恐怕早就成为百万富翁了。

1893年，马克·吐温负债累累，只能靠写作、到处讲学来偿还债务。当时他年近60岁，身体非常虚弱，而且非常厌恶讲学，可是不得不坚持到世界各地讲学。他非常受人欢迎，每到一个地方都会吸引无数的支持者和拥护者。讲学会场总是座无虚席，甚至被挤得水泄不通。

马克·吐温的爱情是一帆风顺的，他对妻子奥莉薇亚一见钟情。有一天，他来到朋友查理士·朗顿家做客，看到他妹妹奥莉薇亚的照片，马上产生倾慕之情，并且认定她为终身伴侣。他多次拜访查理士，目的就是看奥莉薇亚的照片。数月后，在一次宴会上，他终于与心仪的奥莉薇亚见面，还被邀请到家里做客，这令马克·吐温异常高兴。之后，他“串通”奥莉薇亚的马车夫耍了一个小计谋——把送自己的马车车座弄松，“不小心”从马车上摔了下来。

奥莉薇亚和父母惊慌失措，立即把马克·吐温抬进家里，请来医生为他诊治。之后，他在奥莉薇亚家里卧床休养了两个星期——其实他的身体没什么大问题——慢慢地，奥莉薇亚也对他产生了好感，之后两人喜结连理。马克·吐温非常爱奥莉薇亚，一直叫她"亲爱的莉薇"，直到她去世时也没有改变。

马克·吐温非常看重自己的手稿，从来不允许助手动。他会用粉笔在自己房间的地板上画清界线，不许任何人跨越。到70岁时，他开始安度晚年、享受生活，为自己定做了14套白色衣服和100条白色领带，因此他一直身穿白色衣服、佩戴白色领带。

晚年时期，因为创业的失败、发财梦的破灭、爱妻的去世、爱女的早逝，马克·吐温的思想发生巨大转变。他内心感到万分绝望，对社会风气感到万分失望，甚至不相信光明会到来，成为一个悲观主义者。

第五辑

艺术巨擘

西方近代音乐之父——巴赫

17世纪上半叶的德国陷入内乱，贵族、僧侣等势力分为新教和旧教两个阵营，相互争斗、征战。他们甚至勾结外国势力，发动了内战。这场战争使得德国笼罩在阴云之下，经济衰退、政治混乱，人口锐减1/3。统治者却依旧残忍地剥削百姓，视百姓为草芥。这个时期被称为德国历史上最黑暗的时期。

就好像漫长的黑夜总会过去，终会透露出几缕星光一样。笼罩在黑暗之下的德国也闪出几缕光明，给人们带来了光明和希望。17世纪末18世纪初德国涌现出一些伟大的艺术家，他们给黑暗的德国带来一线光明，给苦难的百姓带来了一丝希望。其中非常重要的便有古典音乐大师巴赫。

巴赫出身于音乐世家，从他祖父开始，整个家族都以音乐为生，出现多位出色的音乐家，在当地享有很高名望。

1685年3月，巴赫出生于德国中部一个叫爱森纳赫的小镇，两天后，在圣奥尔格教堂接受牧师的洗礼。因为家庭的影响，巴赫从小就接受良好的音乐教育，并展现出音乐才华。他很小就能熟练地演奏小提琴和中提琴，通过勤学苦练打下了扎实的音乐功底。

10岁时，巴赫的父母都去世了，他不得不到奥尔德鲁夫的大哥家居住。他大哥是非常出色的管风琴师，在大哥的指导下，他掌握了键盘乐器的演奏技巧，为成为出色的演奏大师打下坚实基础。

巴赫15岁就到吕内堡求学，还拜访了很多音乐名师，掌握了作曲技巧。

18岁时，巴赫开始音乐创作。因为保护人制度，他不可能像其他音乐家一样享受极高荣誉，只能以仆人的身份生活和创作。他先后在各教堂担任管风琴师，从事宗教音乐的创作，成为一位出色的宫廷乐师。因为受到种种限制，他时常和保护人产生冲突，甚至感觉受到羞辱。这期间，他的音乐造诣日益提高，先后创作了《平均律钢琴曲集》第一卷、《勃兰登堡协奏曲》等大量带有宗教色彩的音乐。

1723年，巴赫的保护人对音乐失去兴趣，于是他便辞去宫廷乐师的职务，前往莱比锡的圣托马斯教堂学校教授音乐。巴赫在莱比锡生活的时间最长，创作的作品也最多。他的演奏技巧和作曲水平都已经达到巅峰，创作了《b小调弥撒曲》《马太受难曲》和《平均律钢琴曲集》第二卷，以及最具代表性的《赋格的艺术》。这之后他成为德国最为著名的音乐家、演奏家，音乐造诣已经到了炉火纯青的地步。

▲ 巴赫雕像

1747年，巴赫被普鲁士国王腓特烈二世召见，并即兴演奏，震撼全场。第二年，巴赫根据这次即兴演奏创作了《音乐的奉献》，而这部作品则是他作曲和演奏艺术的总结。由于眼睛长期疲惫，巴赫的视力逐渐减退，晚年还因为患白内障而失明。但是他始终没有放弃创作，直到去世前还用口授的方式创作了最后的作品《走向主的神坛》。

1750年7月28日，巴赫安然地去世，3天后被安葬在莱比锡圣约翰教堂墓地。此时，著名音乐家维瓦尔第已经去世9年，而亨德尔也因失明很少创作，这也标志着巴洛克音乐时代的结束。

巴赫是一位伟大的音乐家，给德国人民带来了希望和光明，也促进了德国乃至欧洲音乐的发展。他全面地继承了欧洲传统音乐，将巴洛克音乐推向顶峰。

音乐神童——莫扎特

西方音乐史上涌现出不少音乐天才，但是从小就天赋异禀的人并不多。莫扎特是一位难得的音乐天才。他3岁就能弹奏听过的乐曲，5岁能精准地辨明所有乐器演奏的单音、双音、和弦音，可以用杯子、铃铛等器皿演奏出美妙的音乐，同年学会作曲，8岁时创作了第一部交响乐。他11岁就完成了第一部歌剧，14岁则亲自指挥乐队。特别的是，他具有绝对音准。

6岁时，莫扎特跟随父亲到欧洲各国演出，因音乐天赋轰动整个欧洲，被公认为“音乐神童”。或许莫扎特不是最伟大的作曲家，但绝对是最具有天赋的音乐家。柴可夫斯基称他是“音乐界的基督”；音乐学者约瑟夫·马克利斯说：“在音乐史上有一个光明的时刻，所有的对立者都和解了，所有的紧张都消除了，那光明的时刻便是莫扎特。”

16岁时，莫扎特成为一名宫廷管风琴师，其间虽然创作了大量优秀作品，但他只是依附大主教的仆人，饱受主人的欺凌和侮辱。在宫廷里，他和仆人们一起生活、用餐，包括两名男仆、管家、点心师傅、两名厨师，他的地位仅在厨师之上。

1781年，莫扎特离开了大主教，前往维也纳，成为第一位自由作曲家。在维也纳他靠教别人音乐为生，但是他仍坚持创作，积极举行音乐会、出版作品。他认识了著名音乐家海顿，受到巴赫、亨德尔作品的影响，思想和音乐理念都发生了巨大转变。

这个时期，他在音乐上取得了令人震惊的成就，有无限的创作灵感和激情，随便就可以写出令人惊叹的音乐。所有作品好像早在他的脑海中，他只要来了灵感，就可以写在纸上。他甚至可以一边创作一边说话。

莫扎特是一位追求自由的作曲家，因为遭到贵族的歧视，感到人格受到侮辱，于是开始大胆地反抗，追求自由的人生。他敢于打破传统，成为历史上第一位自由作曲家。可在当时的环境下，自由作曲家并不被认可，想要有所成就更是难上加难。父亲曾多次劝说莫扎特，希望他向大主教赔礼道歉，重新回到宫廷。但是莫扎特毅然拒绝了，他宁死也不愿意向大主教屈服。他说："我无法再忍受屈辱和折磨。我宁愿牺牲我的幸福、健康甚至生命来维护我的人格。"因为他认为人格是最珍贵的，对于任何人都是如此。

▲ 莫扎特画像

在维也纳，莫扎特度过了人生中最艰苦的时期。他备受贫穷、窘迫的煎熬，时常食不果腹，靠朋友的资助勉强度日。到了人生最后两年，他的处境更加艰难，生活也越来越贫苦。因为长期贫困，他的身体越来越糟，重病缠身。可是他依旧坚持创作，完成了最后一部歌剧《魔笛》。

可以说，莫扎特是一位音乐天才，但遗憾的是他英年早逝。1791年12月5日，他因为感染风寒去世，年仅35岁。他未完成的《安魂曲》，成为音乐历史上最为出色的作品之一，也成为音乐史上的遗憾。

莫扎特去世时，他的妻子也身患重病，家里贫穷，莫扎特靠朋友帮助才勉强下葬。那一天，狂风呼啸、大雪纷飞，亲友们不得不中途返回。他被安葬在一个公墓里，没有一块墓碑，以致几天后他妻子都找不到他的墓地。就这样，一位音乐天才陨灭了，凄惨地离开了这个世界。

虽然莫扎特的人生是短暂的，但是他为后人留下数量惊人的音乐。他创作了22部歌剧，最著名的有《费加罗的婚礼》《唐璜》《魔笛》；创作了41部交响曲，最为著名的是第39、40、41交响曲；还有

▲ 莫扎特雕像

27部钢琴协奏曲、6部小提琴协奏曲以及大量器乐与声乐作品。

尽管莫扎特一生饱受折磨、历经坎坷，但是他的音乐是积极向上的，给人带来真正的希望、光明和美。他的作品风格优雅、清新、欢快，旋律天真、甜美、温和，永远让人感受到青春、朝气、美好、和谐。

著名的音乐评论家罗曼·罗兰评价说："他的音乐是生活的画像，但是是美化的生活。旋律尽管是精神的反映，但它必须取悦于精神，而不伤及肉体或损害听觉。在莫扎特那里，音乐表达了生活的和谐。不仅是歌剧，他所有的作品都是如此。他的音乐总是指向心灵，并且始终表达某种情感或激情，却不是令人不快或唐突的激情。"

音乐之圣——贝多芬

《命运交响曲》是贝多芬最具有影响力的作品，音乐雄浑激昂，让人们心潮澎湃。而每次欣赏这首乐曲，人们都会不自觉地想起这位音乐巨人的悲惨命运。贝多芬是德国伟大的音乐家，也是世界上具有影响力的古典主义音乐家。

1770年，贝多芬出生于德国莱茵河附近的波恩，祖父和父亲都是宫廷歌手。贝多芬小时候的命运非常悲惨，父亲嗜酒如命，他早早就被迫外出谋生，为母亲分担家庭重担。他非常有音乐才华，12岁时就能演奏乐曲，后来成为管风琴师聂费的助手，并且跟随聂费学习音乐。

聂费是一位多才多艺的音乐家，不仅让贝多芬开阔了艺术视野，还让他树立了崇高的音乐理想。事实上，贝多芬虽然有音乐才华，但之前没有接受过正统的教育，自从跟随聂费学习，他的音乐知识才得以丰富和发展。

之后，聂费把他带到维也纳，引荐给莫扎特。贝多芬用一个即兴演奏就征服了莫扎特，莫扎特断言总有一天他会名扬天下。不久，贝多芬母亲去世，他不得不立即赶回波恩。其间，他接触了知识分子勃莱宁和很多著名教授、作家和音乐家，并且深受革命思想的影响。

直到1792年秋，父亲去世后，他才再一次来到维也纳。在皇族的安排下，贝多芬跟随海顿学习。不幸的是，年纪大的海顿看不惯贝多芬的傲气和个性，并不认可他的音乐。同时，一位很有名望的音乐家也说他什么也学不到，写不出任何正统风格的音乐。可是，这并没有让贝多芬放弃，而是继续跟随其他著名音乐家学习。

1789年，法国爆发资产阶级革命，贝多芬深受进步思想影响，开始追求正义、个性自由和平等。虽然他与海顿和莫扎特等音乐家同处一个时代，但是思想显然比他们更进步。他强烈反对封建专制的压迫，具有强烈的民主、革命思想。

海顿是古典音乐的代表，他虽被激怒过，但已经习惯逆来顺受，没有反抗的意识。他的音乐始终是传统的，丝毫未受到进步思潮和革命情绪的影响。莫扎特有反抗意识，宁愿忍受贫苦也不甘于被大主教侮辱。他的音乐背后蕴含着痛苦、忧郁和伤感的情绪，代表了他内心的忍耐、迷茫和无望，却很少有反抗的精神。与他们相比，贝多芬具有强烈的反抗意识和革命精神，他的音乐总是充满激情，让人心潮澎湃。他的作品中有着鲜明的反抗精神，号召着人们去战斗、去抗争，争取个人的自由、平等、幸福。

▲ 贝多芬画像

贝多芬的音乐大致分为三个时期：第一个时期是1782年到1792年，被称为波恩时期，这是他音乐创作的尝试时期，作品大多是小型的钢琴曲、重奏曲和歌曲等；第二个时期是1793年到1802年，被称为维也纳时期，创作趋向成熟，反映了社会和政治各方面的问题，作品有《悲怆》《月光》《克罗采》奏鸣曲以及《第三钢琴协奏曲》等；第三个时期是1803年到1812年，被称为英雄时期，他的音乐创作达到巅峰，最重要的作品是《英雄》交响曲等。

虽然贝多芬出身于音乐世家，从小就学习音乐，但他并不是音乐天才。他是晚熟的音乐家，直到30岁时才开始写第一部交响曲。贝多芬的创作并非一蹴而就，而是通过不断地修改、完善而成的。他早期的作品带有海顿和莫扎特的风格，后来却具有鲜明的个人风格，自成一派。

贝多芬可以说是音乐全才，几乎涉及当时所有的音乐体裁。他提高了钢琴的表现力，增强了交响乐的戏剧效果，使得交响乐发生重大变革，成为反映社会变革的一种艺术形式。

从1796年开始，贝多芬的听力逐渐衰弱，后来甚至变成全聋。虽然听力逐渐丧失，只能通过谈话册与人交谈，但是他对艺术和生活的热爱没有减退，反而更加富有创作激情。病痛和苦难没有打败他，反而成为他创作的力量源泉。在巨大的苦难折磨下，他创作出无数经典的交响曲，包括《英雄》《命运》交响曲等。

他具有顽强、乐观的精神，始终与命运进行抗争。他受到法国大革命的激励，而这促使他形成了人文主义世界观。他具有卓越的音乐才华、崇高的理想、强烈的社会责任感，以及顽强的意志和不屈不挠的毅力。这也是他被誉为世界上最伟大的音乐家的重要原因。

他的音乐热情奔放，反映了人民的苦难，批判了社会的黑暗，同时也赞扬了坚韧不拔、勇敢拼搏的品质，永远激励着人们勇敢地追求幸福、自由和希望。他的音乐对世界音乐发展产生巨大影响，他也被人们称为“乐圣”。

1827年3月26日，贝多芬去世。为了纪念这位伟大的作曲家，维也纳的学校停课致哀，有两万多人参加了盛大的葬礼。

▲ 贝多芬之墓

钢琴诗人——肖邦

1831年12月，舒曼在《大众音乐报》上发表了一篇评论肖邦的文章，说他是一位音乐天才。自此，肖邦在德国声名鹊起。他被誉为“第二个莫扎特”，在整个欧洲都享有极大的名气。

肖邦的父亲是法国人，曾参加波兰反抗侵略者的起义。起义失败后，他带领全家逃亡到华沙，在学校里教书，后来还创办了一所寄宿学校。他和华沙的文化界人士来往密切，这使得肖邦受到文化熏陶。

肖邦从小就展现出非凡的音乐天赋，开始他并不喜欢钢琴，后来因为一位钢琴老师才喜欢上钢琴。这位钢琴老师非常奇怪，时常穿着淡黄色大衣、漆皮长靴以及色彩鲜艳的背心。他非常严厉，经常用一支长铅笔敲打那些顽皮学生的脑袋和手指。在他的教育下，肖邦掌握了高超的技巧，7岁时就发表了第一首舞曲，8岁时举行了公演。自此，肖邦声名鹊起，被誉为“钢琴神童”，时常为贵族们演奏。

10岁时，肖邦为一位大歌唱家弹奏，受到赞赏并被奖励一块名贵手表。之后，他为俄国沙皇演奏，被奖赏一枚钻石戒指。当时欧洲报纸对肖邦赞赏有加，说他是上帝赐给波兰的音乐天才。当时肖邦还年轻，不懂得如何记谱，却能编出一些乐曲。后来，肖邦开始在华沙音乐学院学习作曲、钢琴。17岁，他离开学校，开始音乐创作生涯。

少年时代，肖邦接触到很多波兰民间音乐，也接触到很多进步思想。在华沙音乐学院学习时，他和思想进步的师生来往密切，深受进步思想的影响。同时，他时常到乡村游历，也受到民间音乐、乡村音乐影响。

18世纪末至19世纪中期，俄国、普鲁士、奥地利侵略者先后三次瓜分波兰领土，奴役波兰人民，妄想扼杀波兰人民的民族意识。但是，波兰人从来没有放弃反抗，积极维护祖国的统一，反抗侵略者的统治和迫害。波兰人民表现出强烈的民族意识，坚持与侵略者做不屈不挠的斗争。其间，一大批爱国的思想家和文艺家涌现，主张艺术应该有鲜明的民族特性，号召人们争取独立和自由、热爱祖国，为了民族解放而战斗。肖邦深受这些思想的影响，老师埃尔斯纳对他的影响尤为巨大，让他开始创作通俗性、民族性的音乐。

▲ 肖邦画像

1830年，法国七月革命爆发，推动了欧洲各国革命的蓬勃发展。波兰人民的爱国热情被点燃，爱国组织重新活跃起来，积极组织起义反抗反动当局的统治，反抗侵略者的侵略。在这种形势下，肖邦在亲人、老师和朋友的鼓励下出国深造，希望通过音乐为祖国演奏、为革命助力。当他离开祖国时，老师和同学们为他演唱，并送给他一个装满家乡泥土的银制纪念杯，希望他永远不忘祖国、不忘故土。

之后，肖邦来到巴黎，积极与上层社会交往。很快，肖邦在巴黎声名鹊起，得到人们的喜欢和支持。从此肖邦便定居巴黎，再也没有回过家乡。

1835年，肖邦前往德国德累斯顿，爱上波兰贵族玛利亚。他向她求婚，却因为身份差距被拒绝。之后，他认识了法国著名女作家乔治·桑，同居一年后分手。肖邦身体非常不好，时常患病，这让他感到孤独、寂寞，思念亲人、朋友以及祖国。

肖邦的音乐带有强烈的民族性，自他之后，波兰民族因素成为欧洲音乐的主流。他的音乐带有强烈的爱国热情，有的旋律激昂，有的甜美柔和，有的风趣幽默，有的热烈激昂。肖邦比较著名的是圆舞曲，除此之外，他还创作了很多幻想曲、谐谑曲、叙事曲、即兴曲、前奏曲、奏鸣曲。他的音乐带有强烈的个人情感，抒发了他的孤独、寂寞，以及对亲人、祖国的思念。

肖邦的作品全部是钢琴曲，90%都是钢琴独奏曲。他最擅长在钢琴上即兴创作，而且一气呵成。但是他的很多作品经过多次修改，甚至每演奏一次都会改动。他的作品大多没有标题，只是标上调式、体裁及编号，这让人们很难分辨究竟是哪一首。人们查找肖邦作品时，只能按照编号来寻找。

肖邦的作品具有独特的艺术风格，绝不和任何人雷同、混淆。在所有一流艺术家中，肖邦是唯一一位专注钢琴的大师。同时，他用钢琴创造出一个伟大的音乐世界。他是真正的天才，克服了钢琴的局限，让它发挥出无限的美。他用钢琴演奏任何时间长度的持续音，极大限度地促进了现代钢琴音乐风格的形成，为钢琴艺术的发展做出巨大贡献。他通过高超的技艺和巧妙的安排，用钢琴演奏出众多美妙的音乐。

1849年10月17日，肖邦因结核病去世，被安葬在拉雪兹公墓。在生命的最后时刻，他对于祖国越来越眷恋，临终前留下遗言——希望能把他的心脏送回华沙。可惜的是，他的遗愿并未实现。为了安慰亡灵，他的一位朋友为他撒下一捧波兰的泥土。

肖邦是波兰最著名的作曲家和钢琴家，在全世界都享有极高声誉。他的一生是短暂的，创作生涯却长达30年，为人类留下丰富的艺术珍品。他的音乐作品具有鲜明的民族意识，被誉为伟大的民族史诗。

钢琴大王——李斯特

李斯特·费伦茨是匈牙利伟大的钢琴大师、作曲家、指挥家，浪漫主义的杰出代表，19世纪最著名的艺术家之一。

1811年，李斯特出生于匈牙利，父亲给富翁做管家，家境还算优渥。10岁时，李斯特就表现出音乐天赋，为了让孩子出人头地，父亲变卖全部家产，移居到音乐之都维也纳。之后，李斯特一家人过着贫苦的生活，做着辛苦的工作，勉强维持生活。父亲为李斯特聘请著名钢琴家车尔尼，使得其钢琴技艺有很大突破。李斯特非常喜欢钢琴，学习也非常刻苦，每天都要步行两个多小时去上课，从来不喊苦喊累，也从来没有迟到一次、缺过一次课。之后，李斯特成为车尔尼最欣赏、最得意的学生。

两年后，李斯特开始在维也纳举办音乐会，受到观众的欢迎和支持，也算小有名气。有一次，音乐会出现一位耳聋的特殊观众，听完音乐后热情地拥抱了李斯特，并且亲吻了他的额头。这位老人就是著名音乐家贝多芬。李斯特受到贝多芬的赏识，一时间声名鹊起，名字登上欧洲各大报纸。

后来，在匈牙利贵族的资助下，李斯特到巴黎深造音乐。其间，他结识了著名作家雨果，并且深受人道主义思想影响，音乐中开始增加平等、博爱、自由等新思想。李斯特和雨果志趣相投，结下深厚友谊，艺术上也相互欣赏和影响。李斯特为雨果的诗作曲，而雨

▲ 李斯特雕像

果也从李斯特的音乐中获得创作灵感。后人称他们是“精神上的孪生兄弟”。

1831年，小提琴家帕格尼尼来到巴黎，在文艺界引起很大轰动。李斯特见识到了帕格尼尼的超群技艺，把他视为偶像。李斯特对钢琴技艺进行了改进，完成了前人没有完成的事情，弹出了前人无法弹出的音乐。他尝试在钢琴上弹出所有乐章，并且获得了成功。他用钢琴完成了所有奇妙的旋律，成为钢琴界的帕格尼尼。

李斯特把钢琴技巧推向极致，极大地增强了钢琴的表现力，甚至创造出管弦乐的效果。他具有超群的即兴演奏才华，因此被誉为“钢琴之王”。同时，李斯特还改变了钢琴的表演形式，不再背对着或面对着观众，而是侧面对着观众。这种姿态不仅可以让人清晰地看到他的面部轮廓，还使得钢琴演奏更具有戏剧效果。他用钢琴弹奏出各种美妙音乐，成为当时最受欢迎和推崇的音乐家。在欧洲流行起一股“李斯特热”，人们疯狂“追星”，为他神魂颠倒，抢购他的鼻烟盒、手帕。

李斯特是一名真正的音乐家，并不会哗众取宠。虽然备受追捧，但是他仍专心追求艺术，演奏出令人刻骨铭心的音乐。

李斯特为后人留下了众多作品，包括《塔索》《匈牙利》《前奏曲》等13首交响诗，以及19首《匈牙利狂想曲》、12首高级练习曲等，使得钢琴音乐发展到顶峰。

其中，钢琴曲《匈牙利狂想曲》最为著名。它不仅发挥了钢琴的音乐表现力，还为狂想曲树立了杰出的音乐典范，被列入世界古典钢琴曲的文献宝库。该作品具有鲜明的民族色彩，是根据匈牙利和吉卜赛人的民歌和民间音乐改编而成的。它结构缜密、思维活跃，具有独特的音乐语言与音乐表现方法，实现了自然美和艺术美的完美统一。

李斯特的爱情具有传奇色彩，可以说是一出出悲剧组成的。他一生都没有结婚，曾经有过几个爱人，但都没有修成正果。他爱上了玛丽·迪普莱西——小仲马《茶花女》的原型，这段感情让他备受折磨。他还和著名女作家丹尼尔·斯特恩有过一段感情，两人曾经在瑞士度过了一段美好的生活，生下3个孩子。可最后，他们因为矛盾、怨恨而分手，李斯特成为丹尼尔小说中的讽刺对象。

李斯特在鼎盛时期隐退，专心从事音乐的创作。晚年时期，他来到罗马游历，时常到教堂祷告。他想起年少时的梦想——成为一名牧师，于是便想要实现这个梦想。一位善良的神父规劝他，让他不要浪费上帝赋予的音乐才华。可是，他只是暂时放弃了这个念头，最后还是信奉了基督教。之后，他时常以“神父李斯特”自居，度过了人生最后的时光。

艺术巨匠——达·芬奇

达·芬奇是意大利文艺复兴时期第一位画家，也是整个欧洲最杰出的艺术家之一。同时，他还是著名的科学家、文艺理论家、大哲学家、诗人、音乐家、工程师和发明家，几乎在每个领域都有杰出成就。后世学者称他为“文艺复兴时代最完美的代表”“旷世奇才”。

1452年，达·芬奇出生于意大利芬奇镇，小时候非常聪明，且兴趣广泛。他喜欢唱歌，尤其喜欢即兴演唱。他还喜欢画画，时常为邻居作画，被称为“绘画神童”。他坚持画鸡蛋的故事广为流传。15岁时，达·芬奇到佛罗伦萨著名画家维罗契欧的画室学习，除了绘画、雕刻，还学习青铜铸造、绘图、建筑、民用和军用技术等技艺。达·芬奇非常有天赋，而且学习刻苦，很快就成为技师。

1483年，达·芬奇来到意大利米兰，在大公府中做画师。其间，他广泛接触各种行业的工匠、技师以及宫廷学者们，绘画技艺日渐成熟。他完成了祭坛画《岩间圣母》和壁画《最后的晚餐》等重要的作品，成为米兰最著名的画家，并且对米兰绘画艺术产生了很大影响。1499年法军占领米兰，达·芬奇不得不回到佛罗伦萨。之后，他创作了名作《蒙娜丽莎》。

《最后的晚餐》《岩间圣母》和《蒙娜丽莎》是达·芬奇最为杰出的作品，是其艺术创作的高峰。这些作品不仅是欧洲艺术的瑰宝，更是世界艺术宝库中的珍品。

▲ 达·芬奇雕像

《最后的晚餐》是达·芬奇最著名的作品，堪称空前之作。作品构思巧妙、布局独特，尤其细节写实最引人入胜。在构图上，他用整块墙面来展现画面，厅堂的透视构图与建筑结构完美结合，让人有身临其境的感觉。画中人物形态各异，有的惊恐，有的愤怒，有的怀疑，达·芬奇惟妙惟肖地刻画了人物的手势、眼神。可以说，这幅画是美术界当之无愧的完美之作。同时，这幅画表现了达·芬奇崇高的世界观，反映了他对世界的热爱、对自然美的向往，以及对人的价值的肯定和理解。这幅画带有鲜明的人文主义思想，表达了他强烈的个人情绪。

《蒙娜丽莎》是一幅不朽之作，代表了达·芬奇的最高艺术成就。蒙娜丽莎是佛罗伦萨一位商人的妻子，当时她年仅24岁，有着贵妇人的温柔优雅，笑容更是迷人。达·芬奇通过巧妙的手法，表现了她坐姿的优雅、笑容的微妙。同时，他以幽深的山水为背景，淋漓尽致地发挥了烟雾状笔法，使得画作有一种朦胧、神秘的感觉。同时，达·芬奇把人物外形和内心情感巧妙结合，精确地利用眼角、唇边等细节突出内心情感。他掌握了人物的神韵，刻画了蒙娜丽莎优雅而又神秘的微笑。这微笑令观者感觉神秘莫测，更惊叹达·芬奇绘画技巧的妙不可言。

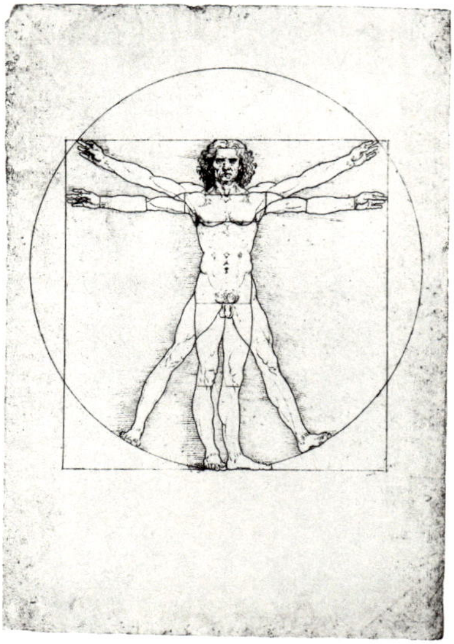

▲ 达·芬奇手稿——《维特鲁威人》

文艺复兴时期，达·芬奇的艺术成就最为突出，为人类留下数量巨大的艺术珍品。直到今天，他的作品仍是艺术价值最高的，被陈列在博物馆中。在艺术创作方面，达·芬奇解决了造型艺术领域关于建筑、雕刻、绘画的重大课题，为西方艺术的发展做出了突出贡献。

达·芬奇不仅是一位伟大的画家，还是出色的工程师、科学家和哲学家。他有卓越的眼光，掌握了先进的科学知识，还发明过武器，设计过世界上第一个飞行器；他热衷于艺术创作和理论研究，思考如何绘画出完美的线条、如何表现立体的形体；他还是一位出色的音乐家和戏剧家，创作了很多出色的作品。总之，他是一位多才多艺、全面发展的天才。

达·芬奇怀有强烈的人文主义精神，并且有极强的探索精神，探索人、自然、人生的奥秘。他是文艺复兴时期思想深邃的艺术家，被誉为“最伟大、最完美的人”。1519年，他在法国逝世。

雕塑大师——米开朗琪罗

文艺复兴时期，佛罗伦萨出现一位出色的艺术家，虽然他年纪轻轻，但是有极高的艺术造诣，很快成为当时最著名的美术家、雕塑家。后来，他与达·芬奇、拉斐尔并称为“意大利文艺复兴艺坛三杰”，他就是伟大的雕刻家米开朗琪罗。

1475年，米开朗琪罗出生于佛罗伦萨一个中产家庭，6岁时母亲就去世了。他很小就喜欢上了雕塑，对画画也很感兴趣。父亲希望他学习传统文学，他却对画画非常感兴趣，即便父亲严厉训斥也不改初衷。13岁时，他到佛罗伦萨学习画画，后来又开始学习雕塑。1489年，他进入美术学校学习，并成为老师的助手。其间，米开朗

◀ 米开朗琪罗画像

琪罗接触到人文主义思想，为之后的艺术创作打下了坚实的基础。

22岁时，他离开佛罗伦萨前往罗马，并且开始从事雕塑创作。最为著名的作品包括《大卫》《圣家族》。之后，他为教皇在梵蒂冈的西斯廷小教堂画壁画，花了4年时间终于完成创作。他在500多平方米的教堂顶上绘画了343个人物，如此宏大的工程是米开朗琪罗独自一人完成的。壁画中人物精神饱满、充满力量，让人们见识到教皇的庄严，表现出他高超的技艺和非凡的毅力。

米开朗琪罗被誉为“美术界的贝多芬”，他最擅长创作古代雕塑，表现人物的力量和气势，体现英雄的雄浑壮美。他总结和发展了前人的艺术成就，专注于解剖人体、研究人体的结构和运动，增强了人体雕塑的表现力。他向人们展现了一个个宏伟、挺拔的英雄，就连女性形象也具有刚勇、挺拔的气概。

《大卫》是他最为人熟知的雕塑之一，也是文艺复兴时期的代表作。据说这不朽的作品是用一块被弃置的名贵石材雕刻而成的，表现了他对古代英雄的敬佩之情和英雄的强大生命力，同时也表现了他精湛的技巧、强烈的信心。

众所周知，大卫是一位古代英雄，在《圣经》故事里是一位英勇的少年。之前，雕塑家多纳泰罗和委罗基俄也创作了大卫少年时期的形象。但是，米开朗琪罗摆脱了传统的刻板印象、文字记载，根据自己的想象塑造出成熟强壮、体魄健美的青年大卫形象。在米开朗琪罗的表现下，大卫成为神一般的人物，他雄壮有力、成熟、有魅力，且富有生命力。而大卫形象的转变，也预示着文艺复兴运动从早期转为成熟、繁盛。

大卫是人们心中理想的英雄形象，而米开朗琪罗也通过作品表现了自己对于英雄的崇拜和迷恋。这种情感在他另一雕像《摩西》上也有体现。摩西是以色列著名的民族领袖，是一位伟大的英雄。虽然这座雕像姿态是坐着的，但是散发出无穷的力量与气势，极具震慑性。

晚年时期，米开朗琪罗把大部分时间和精力用在建筑上，领导建造了圣彼得大教堂。这座教堂和谐、宏伟，成为罗马最壮观的景观之一。米开朗琪罗一生未婚，始终对艺术充满激情，付出了全部精力和生命。他去世后，被安葬于佛罗伦萨。

荷兰之子——伦勃朗

伦勃朗是荷兰著名的画家，也是北欧的民族艺术家的代表。他在荷兰乃至整个欧洲绘画史上都占有重要地位，几乎可以和文艺复兴时期任何一位伟大的艺术家相媲美。

伦勃朗之所以伟大，是因为他善于运用明暗对比的技术。伦勃朗的技术和其他艺术家的技术截然不同，具有鲜明的个人特色。有人说他是用黑暗来刻画光明，而法国19世纪画家兼批评家弗罗芒坦说他是“夜光虫”。

伦勃朗出生于荷兰的莱顿，父亲是一个小磨坊主。父亲希望他学法律，成为一名律师或是法官，但是他喜欢绘画。他考上了法律大学，可只上了6个月便擅自休学了。他先是跟一位画家学习，后来前往阿姆斯特丹跟随著名画家拉斯特曼学习绘画。

伦勃朗早期的作品大多是为父母、兄弟画的肖像画，其中最著名的是一幅兄长戴金盔的肖像画。这幅画运用光的明暗对比来突出人物、刻画人物心理，使得主题更鲜明、光的质感更强烈，被美术史家称为“紫金色的黑暗”。之后，他完成了《杜普教授的解剖学课》的集体肖像画，在欧洲绘画界赢得了极高声誉。因为当时并没有照相机，所以这种集体肖像画适应了当时社会发展的需要，受到资产阶级的欢迎。因此，伦勃朗的地位越来越高，名声也越来越大。

伦勃朗创作了数量巨大的油画、铜版画和素描，其中肖像画占绝大部分。伦勃朗为亲人朋友画了很多肖像，如读《圣经》的母亲、假扮花神的妻子、戴铜盔的哥哥、穿教士服的儿子，还有和妻子莎士基亚高举酒杯的肖像等。这些肖像画是伦勃朗的主要特色，也是那个时期荷兰绘画界的重要特色。

1632年，伦勃朗定居阿姆斯特丹，与名门闺秀莎士基亚结婚。莎士基亚是一位美术商的表妹，伦勃朗为她画像时两人一见钟情。因为身份、地位的差异，两人的婚事遭到女方家族的反对。但是，历经波折后，有情人终成眷属。

妻子的身份和财力为伦勃朗的事业提供了很好的帮助，让他在绘画界的声名越来越大。中年时期，他的肖像画达到前所未有的水平，不仅朴素、真实，还刻画了人物内心世界。他认为写实主义肖像画就应该朴实无华，只有如此才能经得起岁月的考验。他的画朴实无华，反映了人物的真实内心，因此具有极高的艺术价值。

▲ 伦勃朗雕像

这个时期，他生活优裕、舒适，事业发达、顺遂，作品风格几乎没有什么改变。他的人物肖像画技巧熟练，但缺乏创造性，作品包括《杜普教授的解剖学课》和《造船者》等。同时，他还创作了一些风格夸张的神话和宗教画，如《普洛塞尔皮娜被抢》和《参孙的失明》等。

1642年，伦勃朗的妻子去世，而他的事业也开始衰落，甚至负债累累。之后，他经历了人情冷暖、世态炎凉。巨大的变故让伦勃朗的思想和绘画风格都发生了巨大转变。他抛弃了那些平庸的肖像画和那些神秘玄幻的神话题材，开始在作品中体现人性、社会问题。他把关注点放在了贫苦民众的悲苦、贫穷上，开始表现社会现实的黑暗、人情的冷暖，突出了爱、怜悯与宽恕等人文主义思想。他创作了很多圣母的形象，而这些形象是贫苦人家农妇的代表，反映了普通人生活的苦楚和无奈，也反映了她们的善良和勤劳。

他更深入地理解人，开始观察人物的肢体语言与心理状态，通过细节来表现人情感的微妙变化，以及心灵深处的细微情感。这个时期，他创作了很多自画像，而这些作品也是他最为著名的。因为思想的转变，他的自画像也风格大变。

年轻时他把自己画成美少年、浪子甚至朝廷臣子，而后期，他则认真研究自己的面部特征、表情、皮肤和头发以及服装，然后运用不同的光线来突出细节、突出重点。

他积极研究色彩和明暗，通过强烈的对比来表现人物复杂的内心，具有丰富的情感色彩。他侧重深沉、厚重的色彩，始终以深棕色为基调。他注重色彩的和谐，会用明亮的金黄、朱红来协调冷色调；在暖色调中穿插一些鲜明的蓝色等冷色。他就像一位伟大的魔术师，运用巧妙的色彩和明暗来突出戏剧性。

可以说，他是荷兰最著名的画家之一，对于欧洲乃至世界绘画发展都产生了重要影响。梵高非常欣赏伦勃朗的画，给予他高度评价，甚至说："我只要啃着硬面包，可以在这些画的前面坐上两个星期，即使少活10年也心甘情愿。”

1669年，伦勃朗去世，家里几乎没有一分钱，只剩下几件旧衣服和一些画具。

雕塑界的“但丁”——罗丹

罗丹是欧洲雕塑史上举足轻重的人物，被誉为“雕塑界的但丁”。他是古典主义时期最后一位雕刻家，也是现代主义时期第一位雕刻家。他在古典主义时期形成了成熟的艺术，但是不被传统所束缚，具有可贵的创新和探索精神，打开了新时代的大门。他带领年轻的艺术家们奔向新时代，对于欧洲近代雕塑的发展做出了巨大的贡献。

1840年，罗丹出生于法国一个平民家庭，父亲是一位普通警察。幼年时期，罗丹就对绘画产生了浓厚兴趣，而且表现出少有的天赋。罗丹对其他学科都不感兴趣，因此成绩非常差。虽然父亲不希望他学绘画，但还是把他送进巴黎美术工艺学校。因为家庭贫困，他的学费是姐姐玛丽辛苦工作赚来的，因此罗丹从小就对姐姐非常敬重。

这所美术工艺学校是画家巴歇利埃建立的，主要教授装帧艺术和制图。在这里，罗丹遇到自己的启蒙老师荷拉斯·勒考克。虽然他是一名普通的美术老师，但是给予罗丹很大帮助，鼓励他忠于真正的艺术，不该受学院派教条的限制。这种思想深深影响了罗丹，让他不断坚持艺术创作，追寻真正的艺术。

其间，罗丹时常到卢浮宫临摹那些大师的作品，后来因为买不起昂贵的油画颜料，只能转而学习雕塑，并且爱上了雕塑。在勒考克的介绍下，他跟随雕塑家巴里学习，受到良好的雕塑教育。3年后，罗丹有所成就，于是想要报考巴黎美术学院。勒考克把他介绍给著名的雕塑家曼德隆，并且成为他入学申请的推荐人。可是，罗丹连续3年都落选。最后一年，主考官甚至说他“毫无才能，继续报考，纯属浪费”。接二连三的失败，给年轻的罗丹以沉重打击。

正当罗丹因为失败而痛苦、颓废时，姐姐也遭受巨大打击——她失恋了，心灰意冷之下进入修道院修行。两年后姐姐不幸去世，罗丹也感到痛不欲生、万念俱灰，进入修道院成为一名修道士。其间，修道院院长埃玛尔给罗丹很大的慰藉和鼓励，激励他继续从事雕塑事业。在院长的激励下，罗丹重新恢复信心和创作激情，为表示感激之情为院长雕刻了一座雕像。

之后，在勒考克的帮助和支持下，他开始一边工作一边继续学习雕塑。请不起模特，他就邀请一位塌鼻的乞丐做模特。罗丹在他脸上看到了愁苦和凄凉，同时也想起历经苦难的米开朗琪罗。自此，他认识到生活中美丑与艺术中美丑的不同意义，开始着重表现生活的美。他注重光线的表现，注重刻画人物的内心和思想内涵，让雕塑艺术成为一种强有力的语言。他不再追求作品的视觉感受，而是追求思想上的感受。《塌鼻男人》成功地展现了他的这一艺术思想。

罗丹是一位伟大的雕塑大师，也是一位伟大的老师。他的学生或助手，都深受他思想的影响。在艺术上，他从来不限制和束缚学生，促使他们形成自己的独特风格。正因为如此，他的学生很多成了出色的雕塑家，马约尔和布德尔后来还和他齐名，被誉为欧洲雕刻“三大支柱”。

罗丹具有伟大的人格，始终能正确地面对一切攻击和嘲讽、理解和支持。他一生都在探索雕塑的艺术，并且登上了米开朗琪罗之后的又一高峰。

他有深刻的思想，倾向悲壮的主题，善于利用残破来表现力与美，这使得他的作品能够引人深思，让人们感受到生命的奥妙。因此，罗丹的作品又带有现实主义的色彩。他对底层劳动人民表达了深切的同情，对祖国表达了强烈的爱，同时，他把毕生精力都投入对艺术的追求和探索中。他首创了一种全新的艺术手法，也开创了一个新的时代。

罗丹和自己的学生卡米尔·克洛岱尔有一段美好的爱情。克洛岱尔是一位美丽的少女，19岁时进入罗丹的工作室，之后也成为一位出色的女雕刻家。可是因为身份问题，他们的爱情遭受着巨大的折磨。其间，罗丹创作了以“永恒”为主题的一系列雕塑，最具有代表性的是《永恒的春天》与《永恒的偶像》。这些作品反映了罗丹与克洛岱尔的爱情，也表达了他对于女性美的崇拜。

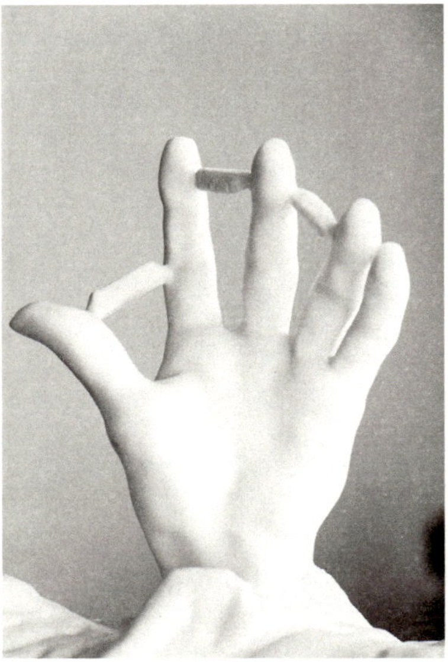

▲ 罗丹作品《手》

▲《思想者》

《永恒的偶像》表现了人类之爱的灵魂升华，通过人体雕像表现了精神的升华，同时把转瞬即逝的情感物化成一种凝固的崇拜物。罗丹用坦荡的情怀来表达爱情，表现了人们对于青春与爱情的追求，没有丝毫的色情和猥琐的情调。因为对生活有深刻的洞察，所以他才能完美地、勇敢地表现这一类作品。

为了创作这类作品，罗丹将很多异性或同性的裸体雕像设计在一起。事实上，他是通过作品来展现人性，揭示人们被情欲困扰的问题。他认为这是人们幸福或不幸的根源。如果人们能真正认识这一点，就可以追求到幸福，避免不幸。

然而，人们对罗丹关于男女情爱的作品有很多误解，认为是情色的。这是错误的。罗丹认为人是人性与兽性相结合的矛盾体，正因为如此，世界上才存在种种悲喜剧。

罗丹主张“艺术即感情”，并且用所有作品来表现人类最为丰富的情感。可以说，他是最杰出的浪漫主义雕刻大师。

印象派大师——莫奈

1874年，巴黎举办了一个画展，展出了一群叛逆的青年画家的作品。这些作品着色怪异、下笔粗放、不落俗套，以简朴的日常生活为题材。画展很快成为巴黎街头巷尾谈论的话题，遭到艺术批评家的批评、批判，甚至说它们“疯狂、怪诞、不堪入目”。

其中，一小幅海景受到的攻击和讥嘲最多，描绘的是勒阿弗尔港的早晨，名为《日出·印象》。这幅画作的作者名叫莫奈。后来，人们称这些年轻画家为“印象派”，莫奈也劝朋友们用“印象派”来命名画派。之后，莫奈成为印象派的领袖人物，坚持运用这一画风作画。

▲莫奈照片

从经济学上来说，这次画展彻底失败了，一幅画也没有卖出去。但从艺术上来说，这次画展获得巨大成功，自此之后，印象派成为一个全新的艺术流派，风靡全球。印象派在世界艺术史上占据非常重要的地位，莫奈等画家在欧洲乃至全世界产生了巨大影响。今天，莫奈那一小幅海景价值高达

200万美元。

1840年11月，莫奈出生于巴黎一个小商人家庭，是家中长子。他出生后不久，一家人就迁往诺曼底。莫奈从小就表现出杰出的绘画才能，被风景画家布丹赏识。18岁时，莫奈与布丹一起到户外写生。当时户外写生刚兴起，莫奈并不喜欢写生。后来，他却领悟到大自然的绝妙，认为户外写生是最好的作画方式。据说曾经有位青年画家请教他如何绘画，他指着周围的景色说："它们就是你的老师，你应该向它们请教。"

早期，莫奈还遵循传统的绘画方式，作品受到巴黎官方沙龙的赞赏，其中包括名作《绿衣女郎》。主人公是他的心上人米卡尔·唐秀，她美丽温柔，莫奈从她身上获得了很多创作灵感。可是，他们的爱情遭到强烈反对，父亲甚至切断了对他的经济支援。但是，他坚持和唐秀在一起，过起了流离失所、贫苦艰难的生活，只能靠朋友亥诺瓦的资助勉强维持生活。

亥诺瓦也是出色的画家，和莫奈志趣相投。他们抛弃了幽暗的色彩，采用纯色小点和短线相结合的新的绘画手法，把点和线融为一体。这就是印象主义画法，只是那时还未被命名。之后，两人在艺术上取得了很高的成就。

普法战争爆发后，莫奈只身一人来到伦敦。他彻底迷上了伦敦或缥缈或浑浊的浓雾，用晕色的手法创作了很多幅关于泰晤士河、议会大厦的画作，展现了伦敦的神秘、诡异、朦胧的色彩。战争结束后，莫奈回到法国。1871年冬天，他和妻儿到阿乡德尔定居，一住就是6年。每天他都会到户外写生，还改造了一艘小船作为画室。不论阴天、晴天还是严寒、酷暑，他都坚持户外写生。塞纳河封冻了，他就在冰面上凿孔，摆放画架和小凳。手指冻僵了，他就用暖水袋取暖。他在海岛的沙滩上作画，在悬崖峭壁上作画，创作了很多优秀的海景图。

1878年，次子米歇尔出世，唐秀却身患重病。莫奈只能一边照顾孩子一边看护妻子，同时还要为家人洗衣做饭。即便如此，他仍坚持绘画。为了维持生活，他到街上兜售油画，而这些画作只能卖很低的价格。第二年，唐秀去世，还不到30岁。

1883年，莫奈的作品在巴黎、伦敦、波士顿公开展出，此时人们开始逐渐接受印象派画家。3年后，他在纽约举行画展，展出了45件精品画作。而这次画展也成为莫奈人生最重要的转折，作品被收藏家追捧。莫奈成为远近闻名的画家，就连法国都授予他“荣誉勋章”，但被他愤然拒绝。

其间，他和寡妇霍施黛结婚，生活开始有所改善，和孩子们生活在巴黎郊区吉维尼。那里环境非常好，风景优美，一条小溪蜿蜒流过，院子里有一座花园，花园旁有一条单线铁路。这段时间，是莫奈人生最快乐、最幸福的时光。他在这里生活了43年，内心非常热爱这个地方，为这个地方作画，并且在这里终老。

有一天，莫奈和助手到屋后山坡作画，画夕阳下的干草堆。可一刻钟后，光线发生了变化，让他无法继续。他便让助手回家拿新的画布，重新再作画。没过多久，光线又发生变化，他再次更换画布。之后的日子，他每天都画这个干草堆，从早晨到傍晚随着光线的变化，从晴天到阴天随着天气的改变，一遍遍地画、一张张地画。就这样，莫奈完成了著名的干草堆系列油画。之后他又用同样的方法完成了卢昂市哥特式大教堂系列。

莫奈最喜欢画水，他在院落里修建了池塘，种上了各种颜色的睡莲。他非常喜欢这些花，时常画这些花，连续画30年都不厌倦，并且越画越大、越画越抽象。在他晚年的巨幅油画中，人们会发现怪异的水世界，看到白云倒映在睡莲巨叶间隙的水面上。

晚年，他最要好的朋友是当时法国的总理克雷孟梭，两人关系非常密切。一天，莫奈表示要建造一间陈列室，在四周墙壁上满挂巨幅睡莲画，希望让饱受战争折磨的人们在这里静思、享受安宁。克雷孟梭非常支持这个计划，但是随着莫奈的视力日渐衰退，他变得越来越力不从心，便想要放弃作画。听到这个消息，日理万机的克雷孟梭特意抽时间赶往吉维尼，劝他坚持绘画，说不定会有不朽之作产生的。克雷孟梭果然没有说错，莫奈为纪念第一次世界大战休战而创作的《睡莲》油画，被认为是最伟大的作品之一，后来被陈列在巴黎橙园。

之后，莫奈接受了白内障手术，视力恢复。虽然他精力不如以前，时常性情暴躁，但仍坚持不懈地作画，创作出很多绝美的画作。莫奈活到86岁，去世前还坚持画画。

塞尚是莫奈的朋友，给予他很高的评价，说他有一双了不起的眼睛，让人们学会如何用新的视角来看这个世界。

狂人画家——梵高

在欧洲绘画史上，梵高有非常高的地位，作品有非常高的价值。同时，他的故事也非常吸引人。生前，他的画并不被接受，只卖出去一幅。他一生贫困潦倒，靠弟弟的资助生活。可是死后，他获得了极高的赞誉，画作的价格步步攀升，甚至拍卖出天价。

1853年，梵高出生于荷兰一个农民家庭，父亲是普通的乡间牧师。他小时候长相难看，性格古怪、内向、孤僻、粗鲁、任性，又极为情绪化，不善于与人交往。

梵高之所以走上艺术道路，是因为受到伯父的影响。他的一个伯父有一家美术品商店，从事大宗的艺术品交易，并且非常喜欢梵高，有意让他继承事业。梵高时常到伦敦和巴黎的商店，受到艺术的熏陶，喜欢上绘画艺术。此时，他工作非常勤奋，怀有远大的理想，认真地跟伯父学习做生意。

梵高是一位晚熟的画家，27岁才开始作画，希望成为一名农民画家。他早期的作品大多描绘的是劳动人民，代表作《吃土豆的人》就描绘了贫苦农民的生活状态。后来，梵高到煤矿工作，于是笔下的主人公就变成了工人，他开始描绘工人的勤劳和辛苦。再后来，他来到巴黎，接触到印象派，开始画城市底层人民的生活以及风景。

因为父亲和伯父都是传教士，他也是忠诚的信徒。可后来，在矿山工作期间，他被夺去了工人代表的职务，便不再信奉宗教。他怀有人道主义精神，对贫苦人民抱有深切的同情，还时常拿出仅有的一点食物接济穷人。

梵高及其作品不被人理解和接受，这也注定他一生贫苦潦倒。而他的漂泊和凄苦，也给他带来了无限的创作灵感。他对艺术非常有追求，在美术品商店做店员时，多次因为坚持非好画不卖与客户发生争论。他认为他们是缺乏美术修养的，没有鉴赏能力。他的个性仁慈天真、疾恶如仇，正因为如此，他无法适应社会，他的作品总是带有强烈的人文主义精神，批判社会的黑暗。

在感情上，梵高是不幸的。虽然他很善良，可因为外表丑陋、性格有缺陷，感情生活并不顺利。1883年，他和39岁的玛葛娣相爱，却遭到女方父母的强烈反对。之后，玛葛娣因悲伤而自尽，梵高遭到辱骂和斥责，只能选择离开这个伤心地。

梵高内心非常孤独，一生都没有朋友，唯一理解、爱护他的只

▶梵高画像

有弟弟提奥。梵高四处漂泊，曾独自一人到安特卫普、布鲁塞尔、埃登游历。他渴望爱情和友情，却无法得到，只能用作品宣泄内心的情感。他用笔大胆、强烈，表现出内心被压抑的热情。

梵高非常著名的作品包括一系列自画像，反映了他四处漂泊时内心的孤独、不安。作品用色大胆而自由，以黄、绿、蓝、淡紫为背景，彰显个性。除此之外，他还尝试用石墨、铅笔、木炭、水彩来描绘激荡、压迫的氛围，使得作品表现出强烈的张力。

1886年，他来到巴黎，其间时常给弟弟写信，谈自己的生活和作品。更重要的是，他结识了很多志同道合的人，包括毕沙罗、希涅克、高更、贝纳等著名画家，并深受这些人思想的影响。自此，他的创作风格发生了改变。

此后的两年时间，因为贫困和过度劳累，他身体非常虚弱。后来听从弟弟的劝告，他前往法国南部的阿尔，并且定居下来。在那里他创作了很多作品，包括烈日之下的麦田、燃烧似的扁柏等。

之后他认识了高更，两人非常投机，一起作画，一起生活。但不幸的是，梵高精神病发作，与高更发生激烈冲突，还冲动地用刮脸刀袭击高更。高更受到很大惊吓，仓皇逃走。等他第二天回去时，发现梵高割掉了自己一只耳朵，晕倒在地。自此，两人的友谊彻底结束了。

之后，梵高的精神病时常发作，被送进监狱很长时间。等病情好转之后，他被送进圣雷米疗养院。在那里他可以自由出入，还可以自由作画。事实上，梵高与真正的疯人不同，疗养院的环境让他的头脑遭受很大冲击。为此，提奥把他送进巴黎郊外的一家私人诊所，接下来，他一边接受治疗一边继续作画，并且完成大量作品。

病魔始终困扰着他，也使得他的作品有令人窒息的感觉。发病时，他会喝下大桶颜料，然后疯狂地四处奔跑。但是在这里，他也度过了人生中较为快乐的时光，作品也开始得到艺术界的接受和赞扬。他开始画风景，包括田野、小镇等。

可最后，他还是没有摆脱病魔的折磨。一天，他靠在树边，用枪对准自己的胸口，说："痛苦啊，我将永远地离开你了。"他离开了这个世界，年仅37岁。

绘画宗师——毕加索

毕加索是20世纪最伟大的艺术家，被誉为现代艺术魔术师，创立了属于自己的独特风格，创作出一幅幅不朽巨作。毕加索对后世绘画艺术产生重大影响，近百年来，除野兽主义外，西方艺术的重要流派几乎都起源于毕加索，或是被他吸收、利用。可以说，毕加索的创作是多元化的，融古今艺术于一体。

1881年10月25日，毕加索出生于西班牙地中海边的港口马拉加，父亲是一位画家。十几岁时，父亲被巴塞罗那一所美术学校聘用，于是他们一家离开家乡。毕加索从小跟父亲学画，表现出绘画天赋。到巴塞罗那后，他以优异的成绩考入一所美术学校。15岁时，他画了一幅名为《科学与仁爱》的作品，在马拉加美术比赛中获得金奖。之后，他考进马德里圣费南多皇家美术学院，可只读了一年，就因为生病回到巴塞罗那。

▲毕加索照片

当时，巴塞罗那是西班牙的文化中心，很多人时常在“四猫”咖啡馆中谈论艺术，很快毕加索也成为这里的常客。他受到各种文化流派和思潮的影响，创作了很多出色的作品，并且举办了第一次画展。画展非常成功，他开始在西班牙绘画界崭露头角。

毕加索的艺术生涯非常长，作品风格变化多样，人们把他的创作分为不同时期。首先是“蓝色时期”，此时毕加索刚到巴黎，生活贫困，处于社会最底层，画的是一些穷困潦倒的朋友，作品基调是一层阴冷的蓝色。然后是“粉红色时期”，他生活在巴黎贫民区，虽然生活依旧贫困，但内心是愉快的。他画了很多流浪艺人，色调出现温暖的粉红色。之后是“分析立体主义时期”，此时他受到塞尚艺术的影响，作品开始倾向于几何化。他开始把形象分解成几个平面，然后再重新进行组合，形成独特的个人风格。代表作是《亚威农少女》。再之后是“综合立体主义时期”，他开始用拼贴的技巧进行创作。最后是“超现实主义时期”，32岁之后，毕加索开始运用空间、色彩与线营造丰富的造型，对绘画技艺不断进行探索。其间，他的作品没有统一性、连续性和稳定性，没有固定的主题，也没有固定的风格。他变化多端，花样繁多，让人无法捉摸。

他追求自由自在、随心所欲地创作。他突破了规定、传统，抛弃了偏见、世俗；他随心所欲，从不遵循任何规律，更不拘泥于流派。作品包括所有流派、所有风格。他反对一切束缚和思想，只追求绝对自由。

毕加索是一位伟大的探索者，不断变化艺术手法，把所有流派融合在一起，独创自己的风格，但始终保持自己粗犷刚劲的个性，而且使得各种手法实现统一与和谐。他达到了登峰造极的境界，不论是陶瓷、版画还是雕刻都驾轻就熟，如孩童一般肆意游戏。他没有特定的老师，也没有特定的学生，他就是他自己。

毕加索始终坚持创作，他的作品就是他的自传。他一生坎坷，曾三次到巴黎，但没卖出一幅画。1904年4月，他再次来到巴黎，在一所破旧公寓里租了一间简陋的房子，开始在巴黎定居。其间，他生活非常贫苦，也见证了社会底层人民的凄凉和痛苦。他创作了很多反映穷人悲苦的作品，如《海边的穷人》《人生》《洗衣妇》等。他还用作品表现了马戏演员的辛酸，如《花衣小丑之家》等。

从1905年开始，毕加索结识了不少美国美术收藏家和俄国实业家，作品也受到他们的认可和欢迎，从而摆脱贫困。之后，他的绘画风格也发生了变化。

第二次世界大战爆发后，他认识到战争的残酷和法西斯的罪行，见证了战争给人民带来的苦难。他创作了著名的反法西斯作品《格尔尼卡》，呼吁人们反对战争、热爱和平。战后，他继续创作呼唤和平与反对战争主题的作品，其中包括举世闻名的《和平鸽》。

47岁时，毕加索认识了17岁的金发女郎华尔特，被这位美丽的女性迷住。他画了很多关于华尔特的画作，最为著名的是《梦》。这是他为了庆祝华尔特的生日而画的。

他是最伟大的画家，几乎和绘画艺术融合在一起。直到今天，他的艺术生活以及对艺术的追求仍是人们谈论的话题。1997年好莱坞著名导演安东尼·霍普金斯拍摄了电影《活生生的毕加索》，其中有一句台词："毕加索在艺术上有多伟大，在个人生活上就有多狼狈！"这就是毕加索一生的最好总结。

毕加索是当代最有创造性的艺术家，从来没有人能真正理解他，理解他画的是什么，但是他在世界艺术史上占据了不朽的地位。

第六辑

科学巨匠

撬起地球的人——阿基米德

2000年前的某一天，大学者阿基米德竟然光着身子冲出浴室，还大声地高喊："我找到了！我找到了！"人们都以为他疯了，可他并没有。他在洗澡时受到启发，找到了鉴别国王王冠真假的方法。他因为兴奋忘乎所以，没有穿衣服就跑出浴室。

原来，叙拉古国王赫农王让一位金匠做一顶王冠。王冠做成后，国王总觉得金子变轻了，怀疑金匠掺了假。可是金匠坚决否认，并且用秤来称量，根据秤的显示，王冠与原来的金子重量相符。国王心里还是有所怀疑，便找来阿基米德，希望能揭露事情的真相。接到这个任务后，阿基米德便在家中研究这个问题。

▲ 阿基米德画像

他废寝忘食地研究了好几天，连澡都没有洗，夫人便催促他去洗澡，之后再继续研究。当他跳入洗澡池时，发现水溢了出来。看着溢出的水，他脑海中蹦出一个灵感，想出鉴别王冠是否掺假的办法——把王冠和相同质量的金块分别放入水中，如果溢出的水体积相同，那么王冠就没有掺假；否则，王冠就掺了假。

阿基米德来到王宫，让国王准备一

盆水、同样重量的一块黄金和白银，分别把它们放进水盆里。结果，白银溢出的水比黄金多很多。之后，他又把王冠和金块分别放进水盆里，发现王冠溢出的水比金块多，显然王冠掺了假。最后，金匠不得不承认，确实在王冠里掺了白银。

王冠之谜终于解开了。这次实验的意义远远大于事件本身。阿基米德发现一个重要的力学原理：物体在液体中所受的浮力等于它所排出液体的重量。这就是著名的“阿基米德原理”，直到今天，人们还利用它来测定船舶的载重量。

公元前287年，阿基米德出生于西西里岛的叙拉古。父亲是一位天文学家、数学家，学识渊博、为人谦和，与赫农王有亲戚关系。他从小就接受良好的教育，有机会到亚历山大学习——那里是当时的文化、贸易中心，有雄伟的博物馆、图书馆，汇集了无数科学家、文人、学者，被誉为“智慧之都”。

其间，阿基米德结识了很多著名学者，对数学、力学和天文学产生浓厚的兴趣。他发明了用水力推动的星球仪，并且用它模拟了太阳、行星和月亮的运行，还推演出日食和月食现象。他还发明了阿基米德螺旋，解决了用尼罗河水灌溉土地的问题。

他在力学方面成就最为突出。他系统地证明了杠杆原理，通过研究物体的重心和杠杆原理，找到了确定物体重心的方法。这奠定了静力学的基础。发现杠杆原理之后，他说出“假如给我一个支点，我就能撬起地球”这句众所周知的名言。

阿基米德在数学方面也有突出成就，他确定了椭球体、抛物面体等复杂几何体的表面积和体积的计算方法；他首创了“穷竭法”，被认为是“微积分计算的鼻祖”；他还运用圆内接多边形与外切多边形的方法，比较精确地算出了圆周率。因此，他被后人称为“数学之神”，与牛顿和高斯并称为历史上最重要的三位数学家。

在天文学方面，他还提出地球是圆球状并围绕着太阳旋转的观点，比哥白尼的“日心说”早了1800年。但是因为当时条件有限，他并没有进行深入、系统的研究。

阿基米德还发明了很多军事武器，如投石机、铁爪式起重机等。罗马军队攻打叙拉古时，阿基米德运用这些武器进行防守，使得罗马人吃了很多苦头。他还利用凹面镜烧了罗马人的木制战舰，让罗马军队损失惨重。阿基米德带领叙拉古人民进行顽强反抗，使得罗马军队3年不得进入叙拉古城。

可是，叙拉古城最终被罗马人攻破。公元前212年，罗马人趁叙拉古城守备松懈时，发动大举进攻，最终城破。此时，75岁高龄的阿基米德正在研究一道深奥的数学题，一名罗马士兵闯入他的房间，用脚践踏了他的稿纸。阿基米德愤怒地与士兵争论，结果被士兵砍死。就这样，这位伟大的科学家被一个愚蠢的士兵杀死，离开了这个世界。

推动地球旋转的人——哥白尼

长久以来，人们始终认为太阳围绕地球而转，地球是宇宙的中心。直到16世纪，一位波兰天文学家提出了地球围绕太阳旋转的学说，打破这个流传千年的观念。他就是近代天文学史上伟大的科学家哥白尼。

1473年2月19日，哥白尼出生于波兰东部的托伦，他的家庭富裕，在当地颇有名望。10岁时，哥白尼父亲因瘟疫去世，家道败落，靠舅舅接济才能维持生活。哥白尼从小喜欢天文学，后跟随天文学家勃鲁泽夫斯基学习天文学和数学。

1496年，哥白尼来到意大利留学，继续深造数学、天文学、医学和法学。其间，他结识了伟大的画家达·芬奇，并且拜著名学者诺瓦拉为师。在诺瓦拉的影响下，他敢于挑战旧观念，开始怀疑地心说。

▶ 1000兹罗提上的哥白尼

1506年哥白尼回到波兰的里兹堡做医生，同时继续从事天文学的研究。几年后，舅舅去世，他移居弗洛恩堡，居住在护卫大教堂的一座箭楼里。因为这里可以通向城上的平台，他可以观看星空。之后，他便把这里当作天文台，从事天文学研究。后来，这里被称为“哥白尼塔”，自17世纪以来被人们视为天文学的圣地。

公元1510年，哥白尼完成《浅说》初稿，指出太阳是宇宙的中心，地球和行星都围绕太阳运动，而月亮围绕地球运动。经过20年的研究完善，他创作了《天体运行论》，终于完成日心说。当时，托勒密的地心说占统治地位，是教会维护统治和神学理论的基础。哥白尼明白若是自己发表日心说，那必定会受到教会的批判和迫害，因此他迟迟不敢发表《天体运行论》。

直到1539年春天，在学者雷迪卡斯和朋友的支持下，哥白尼才决定发表这一学说。1541年秋天，雷迪卡斯把手稿带到纽伦堡，邀请神学家奥幸德匿名撰写前言，说这书“只是一种富于戏剧性的幻想”，希望能避免批判。历经波折之后，1543年3月，《天体运行论》最终得以正式出版。此时，哥白尼已经双目失明，他激动地说：“我终于推动了地球。”不久，他便去世了。

▲ 哥白尼雕像

《天体运行论》共分为6卷，论述了日心说的基本思想，并且用数学原理描述了地球的运动，讨论了月亮和其他行星的运行规律。它出版后并没有引起人们注意，因为很多人并不理解这个理论，天文工作者也只是把它当作天文方面的工具书。之后，它虽然遭到马丁·路德的斥责，但并未引起罗马教廷的注意。

直到布鲁诺和伽利略公开宣传日心说，批判教会的宗教统治，危及神学的统治地位，罗马教廷才把《天体运行论》列为禁书，并迫害这些宣扬日心说的科学家。后来，真理终究战胜谬论，经过开普勒、伽利略、牛顿等科学家的论证，日心说理论终于被人们接受和认可。

哥白尼的学说彻底改变了人们的认识，让人们重新认识宇宙、天文学，同时，它动摇了宗教神学的统治地位。自此，自然科学从神学中解放出来，并且得以快速发展，这在近代科学发展史上具有划时代的意义。

近代科学之父——牛顿

15世纪文艺复兴在欧洲兴起，促进了自然科学的蓬勃发展。这个时期，欧洲涌现出一大批思想家、科学家，其中包括哥白尼、第谷、开普勒、伽利略以及笛卡尔等，掀起一场轰轰烈烈的科学革命。这场科学革命不仅让人们冲破了中世纪封建势力和经院哲学的束缚，还促使工商业蓬勃发展，进而刺激了社会的迅猛发展。

牛顿是世界上最伟大的科学家，创建了经典物理学理论体系。1643年1月4日，牛顿出生于英格兰林肯郡小镇，家境贫寒，地位低微。牛顿因为早产身体虚弱无比，医生和父母都担心他活不下去。可谁也没有想到，这个身体虚弱的小男孩竟然活到了85岁高龄，还

◀ 牛顿画像

成为一位举世闻名的科学巨人。

少年时代，牛顿并没有显露出什么天赋。不过，他很聪明、机灵，学习成绩比别人好。与其他孩子相比，他有非常强的动手能力，而且做事非常执着。不管做什么东西，他都非常认真细心，不断地琢磨和尝试。如果发现哪里不合适，就拆了重做，反反复复，绝不马虎。

他发明了很多有趣的东西，包括会活动的水车、能够测出准确时间的水钟、水车风车联动装置等。这表现出他的钻研精神、超强的耐心，以及发明天赋，为之后的发明奠定了基础。

1658年9月3日，英格兰遭遇罕见的暴风雨，狂风大作，暴雨倾盆。牛顿家的房子本来就破旧，被狂风吹得摇摇欲坠，好像顷刻间就要轰然倒塌。牛顿被狂风的威力所吸引，他不明白风为什么有这么大威力。他开始对大自然的威力产生巨大的兴趣，想要研究和测验这飓风究竟有多大的威力。他冒着狂风暴雨跑到院子里，或是逆风跑，或是顺风跑，甚至还披上斗篷跳跃，研究被狂风吹动的距离。

1661年，18岁的牛顿考入剑桥大学，进入这所最古老、最著名的高等学府学习。这里人才云集，汇集了全英国乃至欧洲最出色的人才。尽管牛顿成绩不错，但到了剑桥大学，依旧处处被别人甩在后面。特别是数学，他的成绩总是赶不上别人，和别人有很大的差距。

牛顿并不甘心落后，也没有被失败打倒。他认真学习、不断探索，把大部分时间花在学习上，有不懂的地方就向老师、同学请教，还会查阅各种书籍资料，力求透彻地理解每个问题。因为刻苦学习，在大学的前两年，他掌握了算术、代数、三角、几何等方面的知识，弥补了数学上的不足。

牛顿从剑桥大学毕业后，在乡村生活了两年。其间，他陆续发现微积分、白光的组成，并且开始从事力学的研究，发现了万有引力。1666年1月，他邀请母亲和弟弟妹妹来到自己房间，为他们表演了神奇的光线景象。他把房间的灯关掉，在窗户上穿一个小孔。只见一片漆黑的房间有一线阳光穿过，在窗子对面的墙上形成一个小光点。牛顿拿出自制的三棱镜，放在窗子上的小孔处，让光线折射到对面墙上。接下来，神奇的事情发生了，墙壁光点附近出现一条漂亮的彩带，犹如雨后的彩虹一般。母亲和弟弟妹妹感到非常惊讶，兴奋地观赏了这一神奇的景象。之后牛顿又拿出第二个三棱镜，把它放在第一个三棱镜旁边，结果这七彩的光线竟然又合成一缕白光。这就是著名的白光分解实验，自此，光谱学诞生，为之后的物理学发展奠定了基础。

关于牛顿发现万有引力定律，还有一个有趣的故事。1666年某一天的下午，因为长期埋头工作，牛顿感到有些疲惫。他来到后院散步，一边走一边欣赏秋天的美丽景色。之后，他在苹果树下的长凳上坐下来，思考着刚刚的问题。突然，一个苹果从树上掉了下来，砸中了牛顿的脑袋。这引起牛顿一系列思考：苹果成熟后，为什么会掉下来？是什么在吸引它？难道是地球吗？牛顿灵机一动，没错，就是地球的吸引让苹果掉了下来！任何东西扔到空中都会掉下来，因为它们都受地球的吸引。地球有强大的吸引力，吸引着地面上的东西。

同时，这种吸引力非常大，月亮之所以围绕着地球旋转，也是因为受到地球引力的吸引。终于，牛顿想明白了，他发现世间万物都是有引力的，相互吸引着。十几年后，他亲自验证了这条定律的正确性。

1684年1月，著名科学家哈雷、胡克和瑞恩正在讨论太阳与行星之间的引力问题。他们想要论证引力同距离之间的关系，并且认识到引力与距离的平方成反比，但是始终无法用数学来证明这一点。这时，哈雷想到了牛顿，于是便向牛顿请教。当时，牛顿已经完成了对万有引力的验证。这令哈雷感到万分惊讶，于是催促他完成并发表自己的主张。

之后，牛顿开始创作这部划时代的巨著《自然科学的数学原理》，经过3年多的时间才得以完成。在写作的过程中，牛顿遇到了很多困难和瓶颈，但是他以非凡的才智和顽强的毅力克服了。为了尽快完成这部巨作，他几乎牺牲了所有休息和娱乐时间，每天都废寝忘食、兢兢业业。初稿完成之后，他又开始怀着谨慎、精益求精的态度进行修改，一遍一遍地修改，一遍一遍地校对。

这部巨作一经出版，就在整个学术界引起巨大轰动，所有书籍在短时间内被抢购一空。在著作中，他对“运动三定律”和万有引力定律进行了描述，这些描述影响了此后300年内物理世界的科学观点，并为发展力学、现代工程学奠定了坚实基础，在世界科学发展史上有极为重要的影响。牛顿把力学发展成为一门完整、严密、系统的学科，促进了近代物理学的发展，使物理学成为一门成熟的自然科学。

牛顿是世界上最具有影响力的物理学家，被称为百科全书式的全才。

英国著名诗人亚历山大·波普曾经用诗歌称赞牛顿的功绩：

自然界和自然界的规律隐藏在黑暗中，

上帝说：“让牛顿去吧！”

于是一切成为光明。

蒸汽机的发明者——瓦特

用水壶烧水时，沸腾的水会产生水蒸气，水蒸气会把壶盖顶开。这种现象引起一个英国小男孩的注意，他就是瓦特。

瓦特蹲在炉子旁观察了几个小时，看着这奇妙的现象，陷入了思考。之后，他根据这种现象发明了蒸汽机，对人类历史发展产生了巨大影响。自此，人类进入了“蒸汽时代”。

1736年，瓦特出生于英国苏格兰一个叫格里诺克的小镇，祖父和父亲、叔父都是木匠。瓦特小时候身体非常不好，时常患病，再加上家庭贫困，他早早就辍学，只在当地的文法学校上过几年学。

◀ 瓦特画像

后来，他一直在家里自学，数学成绩非常好。同时，他对物理非常感兴趣，非常喜欢做手工，表现出很强的动手能力。他做了很多机械性的东西，包括起重机、滑车等，还有一些航海器械。

1753年，瓦特母亲去世，他到格拉斯哥当学徒，但因为工资微薄不得不离开。后来他又到伦敦的一家仪表修理厂做学徒，打算在格拉斯哥开一家仪表修理厂。他平时勤奋好学，比任何人都刻苦认真，很快就学会较高难度的仪器修理。但是他的身体虚弱，根本承受不了繁重的工作，一年后他不得不回家休养。虽然瓦特没有学成出徒，但是这段经历让他体会到生活的艰辛，也磨炼了他的手艺。

1756年，瓦特的身体稍有好转，再次来到格拉斯哥。他想开一家仪器修造厂，但因为学徒未满7年，达不到行业的要求而遭到拒绝。幸运的是，他遇到了格拉斯哥大学教授台克，在台克的帮助下，在大学里开了一间小修理店。这让瓦特走出了困境，并且开始改变命运。

在学校里，瓦特见到了完善的仪器设备，认识到了技术的先进，增长了见识，开阔了眼界。同时，他对用蒸汽作动力的机械产生浓厚的兴趣，开始搜集相关资料，研究蒸汽机的工作原理。其间，他认识了化学家约瑟夫·布莱克，从他那里学到很多理论知识。之后，布莱克成为瓦特的导师，对他的研究给予很大的支持和帮助。

瓦特的小店开了4年后，在另一位朋友罗宾逊教授的帮助下，他开始研究蒸汽机，并且积极进行实验。1763年，学校有一台旧式的纽可门蒸汽机需要修理，他请求学校交给他修理。修理后，这台机器可以正常工作，但是效率非常低。经过大量实验，根据教授布莱克提出的潜热、比热理论，瓦特对蒸汽机进行深入研究，终于找到了效率低的主要原因，即活塞每推动一次，汽缸里的蒸汽都需要先冷却，加热后再进行下一次推动。针对这台蒸汽机存在的缺陷，瓦特提出了减少蒸汽消耗、提高热机效率的改进措施。之后，他决定改进机器的缺陷，制造出一台新的蒸汽机。

为了制造新蒸汽机，瓦特四处筹钱，租了一间地下室，购买了相应设备，开始进行实验。经过无数次失败和反复实验，他终于发明出汽缸分离的冷凝器，制造出单动作蒸汽机。1782年，他又发明了双动作蒸汽机，利用连杆和飞轮来推动活塞做圆周运动。同时，为了保持蒸汽机的匀速运转，他还发明了自动控制器，使蒸汽机自动调节气量。

瓦特还设计了一个和汽缸分离的冷凝器，利用它把高温蒸汽从汽缸中导出并冷却，促使汽缸保持恒温。同时他还提高了汽缸的精密度、活塞和阀门的光滑性与严密性。这一系列改造，大大地提高了纽可门蒸汽机的工作效率和实用性，效率是旧式蒸汽机的3倍。这种蒸汽机发明之后，在社会上引起很大反响。很快，新蒸汽机取代了旧式的蒸汽机，普遍应用于工业和交通运输业，被称为“万能动力机”。这促进了社会工作效率的提高，也促进了近代工业的快速发展。

到了19世纪30年代，新蒸汽机被广泛应用于纺织、冶金、采煤、交通等领域，引起了一场轰轰烈烈的技术革命。之后，瓦特又改进了蒸汽机的技术，使蒸汽技术得到了飞跃，纽可门蒸汽机真正演变为瓦特蒸汽机。之后，这项技术引起了巨大的技术变革，美国人富尔顿发明了蒸汽轮船，英国人史蒂芬逊发明了蒸汽火车。它有力地促进了产业革命的蓬勃发展，推动整个世界进入“蒸汽时代”，同时为第二次工业革命奠定了基础。

1819年，84岁的瓦特去世。他被誉为历史上最著名的发明家之一，为人类科学技术的发展做出了划时代的贡献。他逝世5周年时，人们为了纪念他，在威斯敏斯特大教堂竖立了一座纪念碑；英国很多学校以瓦特的名字命名，在图书馆竖立他的雕塑；之后，人们把常用的功率单位定为瓦特，简称瓦。

“瓦特”这个名字刻在人类历史上，永远受到人们的尊敬和爱戴。

进化论的创立者——达尔文

达尔文是英国著名的生物学家、进化论的奠基人。他出版了《物种起源》这一著作，提出了生物进化论学说，从而摧毁了唯心的神造论，促进了自然科学和生物学的发展。

1809年达尔文出生于英国。祖父和父亲都是远近闻名的医生，祖父曾经预示过进化论。达尔文从小就喜欢研究昆虫，而且活泼好动，喜欢打猎和骑马。16岁时，父亲把他送到爱丁堡大学学医，希望他能成为一名医生，子承父业。但是他对医学并不感兴趣，选择进入农学院。他对自然界的生物产生浓厚兴趣，时常到野外采集生物标本、解剖动物。父亲对此非常愤怒，斥责他“不务正业”“游手好闲”。

19岁时，父亲把达尔文送进剑桥大学，让他学习神学，又希望他能成为一名牧师，他却完全放弃神学，把全部精力放在自然历史的研究上。其间，他认识了很多朋友，包括植物学家亨斯洛和地质学家席基威克，并且学会如何发掘和鉴定地质矿物标本。他对植物学及地质学的研究，为从事自然科学的研究奠定了很好的基础。

关于达尔文，还有一个有趣的故事：一天，达尔文正在伦敦郊外的树林里散步，突然发现两只奇特的甲虫。它们正在树皮上快速地爬动。他立即把这两只虫子抓在手里，仔细地观察起来。此时，他又在树皮上发现一只更奇特的甲虫，情急之下，他竟然把手里的甲虫放进嘴里，伸手去抓第三只甲虫。正当他观察得入迷时，嘴里的甲虫释放出一股辛辣的毒汁，把他的舌头蜇得又麻又痛。他立即把甲虫吐到手里，然后不顾疼痛兴奋地跑回学校。后来，为了纪念他，人们把这种甲虫命名为“达尔文”。

▲ 达尔文雕像

1831年，22岁的达尔文在朋友的推荐下，跟随“贝格尔”号远航考察船环游世界，进行了为期5年的科学考察。他们先到南美洲的巴西、阿根廷，以及西海岸的诸多岛屿，后来跨越太平洋来到大洋洲，到达南非好望角，之后又越过大西洋回到英国。每到一个地方，他都仔细地观察当地的动植物，研究它们之间的区别，而这也促使他对“上帝造物论”产生怀疑，不再相信万物都是上帝创造的。

在南美洲，达尔文发现了古犰狳的化石。他发现它和现代的犰狳非常相似，但又有很多不同之处。为什么会如此？是不是现代的动物和古代动物有什么联系？现代动物是不是由古代动物演变而来的？他开始思考这些问题。

在船舱中，他种了一种草，他发现随着行进的方向变化，草生长的方向就会发生变化，总是朝着窗户的方向弯曲、生长。在加拉帕戈斯群岛上，他发现这里有很多地雀，不同的岛上的地雀有很多不同点。达尔文意识到物种可能是不断变化的，随着时间、地点的变化不断地变化、进化。只是，此时他还没有弄明白物种变化的原因。

考察回来之后，达尔文开始研究这个问题，并且积极地搜集资料和证据。他向农夫、种子供应店、家畜家禽饲养人请教，研究各种动植物之间的异同和变化。他还亲自饲养鸽子，观察鸽子在饲养过程中产生的变异。经过大量观察和反复研究，他终于弄明白了生物进化的原因。

1859年，他发表了《物种起源》，用自然科学解释了生物进化的原因。这部巨著一经出版立即在社会上引起极大轰动，初版1250册当天就销售一空。它让人们重新认识生物及其进化过程，强调了自然选择、物竞天择。它沉重地打击了神权的统治地位，打破神学对人们思想的禁锢，将人们从宗教迷信中解放出来，被恩格斯称为19世纪自然科学的三大发现之一。

达尔文是一位不畏艰辛、敢于探索和钻研的科学家，《物种起源》发表之后，他一直坚持科学研究工作。在之后的20年内，他仍坚持搜集资料，以便充实自己自然选择的学说，并且阐释了其意义。之后，他还出版了众多自然科学方面的著作，包括《人类起源及性选择》《植物界异花受精和自花受精的效果》《植物的运动力》等，对于生物学发展起到重要作用。

晚年时期，达尔文患有严重的心脏病，但是他仍坚持不懈地工作，就连去世前两天还坚持进行实验。1882年4月19日，达尔文去世，被安葬在威斯敏斯特大教堂中堂的北廊。达尔文是世界上最伟大的科学家之一，为生物科学发展做出了划时代的贡献。

炸药大王——诺贝尔

诺贝尔是瑞典著名的发明家、工程师、化学家，为整个世界的科学发展做出了巨大的贡献。他一生共拥有355项发明专利，其中包括胶质炸药和无烟炸药。更重要的是，他创立了诺贝尔奖励基金，用以奖励为科学发展做出突出贡献的科学家。

1833年10月21日，诺贝尔出生于瑞典斯德哥尔摩，少年时期在当地教会学校学习，因为身体不好时常缺课。但是他学习非常认真、刻苦，成绩始终名列前茅。后来，他们全家移居圣彼得堡，因为不懂俄语、身体又不好，他只能在家里学习。父亲为他请了家庭教师，而诺贝尔的成绩一直不错，是兄弟三人中进步最快的。

诺贝尔的父亲是一位颇有名气的发明家，发明了家用取暖的锅炉系统、制造木轮的机器和大锻锤。因为他改进了机器设备，提高了工厂工作效率，深受沙皇的器重和赏识。1853年，他被沙皇尼古拉一世授予勋章，成为为数不多被授予勋章的平民之一。在父亲的影响和引导下，诺贝尔从小就喜欢科学研究。

从16岁开始，诺贝尔到欧美几个国家游历学习，精通英语、德语、法语、俄语等多国语言，增长了见识，开阔了视野。其间，他学习勤奋努力，阅读大量自然科学的知识，为之后的创造发明奠定了良好基础。

1860年，他开始研究硝化甘油炸药。之后，他回到瑞典，和父亲、弟弟共同研制炸药。他发明了引发装置，他把硝化甘油装到玻璃瓶里，再把装满火药的锡管放入，点燃锡管，然后引爆硝化甘油。

研制成功之后，他便开始进行实验。一天早晨，诺贝尔和弟弟来到小河畔，诺贝尔点燃导火线，然后立即把它丢到水中。砰的一声巨响，炸药在水面上炸开，威力非常大。这次实验的成功让诺贝尔兄弟三人兴奋不已，也坚定了他们研制烈性炸药的决心。

可不幸的是，之后他们的实验发生了意外事故，炸毁了工厂，也让诺贝尔失去了最小的弟弟埃米。当局禁止他们继续实验，他们不得不把实验转移到马拉湖的小船上。

之后，诺贝尔为了提高炸药的安全性和稳定性，研制了引爆装置雷管。这一天，他到马拉湖岸边进行实验，把实验装置安装好后，他立即转身往回跑。可他还没跑多远，炸药就爆炸了。人们都以为诺贝尔凶多吉少了，可不一会儿，他就从浓烟中跑了出来。他终于成功了！很快，他申请了硝化甘油炸药的专利。

之后，诺贝尔在瑞典、德国等地建立了工厂，生产硝化甘油炸药。因为当时工业发展迅速，需要大量烈性炸药，诺贝尔生产的炸药受到追捧，甚至供不应求。然而，硝化甘油炸药具有不稳定性，一遇到震动就会爆炸。再加上人们没有认识到炸药的危险性，随意处理硝化甘油，也导致意外频发。1866年，世界各地不断发生硝化甘油爆炸事件，伤亡数量迅速增加，各地纷纷取缔硝化甘油炸药，这使得诺贝尔的工厂陷入困境。

人们因为意外爆炸而恐慌，进而开始怀疑、抵制和咒骂诺贝尔。诺贝尔陷入舆论的旋涡，感到焦虑不安。但是他没有放弃和萎靡不振，转而开始研发新的、安全性能高的炸药。他相信新炸药必定能给工业发展带来巨大好处，给人们带来利益而不是危险。

经过冥思苦想和反复实验后，诺贝尔终于提高了炸药的安全性和稳定性。他利用硅藻土研制成固体炸药，并且研发安全雷管引爆装置。这种新炸药能吸收3倍的硝化甘油，像黏土一样软硬适中，不仅威力增加，安全性也大大提高。之后，他亲自到全国各处实验、演示，用事实证明新炸药的威力和安全性，最终解除了人们的怀疑和顾虑，挽回了名誉和不良影响。从此，新炸药广泛应用于工业、矿业、交通业，从欧洲推广到全世界。

之后，诺贝尔又发明用来制造军用炮弹、手雷、弹药的无烟炸药；发明玻璃质压榨喷嘴，对纺织业产生重要影响；还发明了导火索、无声枪炮，以硝化纤维为基础制造出真漆、染料等。

因为发明了安全炸药，诺贝尔被称为“炸药大王”。他的工厂遍布世界各地，建立了国际性的工业帝国，他成为当时最著名、最富有的富翁之一。诺贝尔希望自己的发明能为社会、工业做出巨大贡献，推动人类社会的发展。

但事与愿违，炸药被广泛应用于战争，给人类带来巨大灾难。从此之后，他成为人们心中的“罪人”“贩卖死亡的商人”，为此，他感到深深的痛苦、内疚，他觉得自己是人类的罪人。1895年，他立下遗嘱，把一大部分遗产捐献出来，总金额高达920万美元。次年，他在意大利西部的疗养胜地去世，几乎没有人知晓。

1900年6月29日，诺贝尔基金会成立，将每年所得利息作为奖金，奖励那些有卓越贡献的科学家和文学家。诺贝尔奖是全世界最具权威性、最具影响力的奖项，设立了物理学奖、化学奖、生理学或医学奖、文学奖以及和平奖；1969年，又增加了诺贝尔经济学奖。

自1901年之后，诺贝尔奖一年举行一次，除因两次世界大战间断外，一直延续到今天。它推动了自然科学的发展，推动了人类社会的进步。

▲ 诺贝尔雕像

发明大王——爱迪生

19世纪被称为“科学的世纪”，科学技术促进了人类社会的迅速发展，使这个世界发生了翻天覆地的变化。其间，世界上涌现出很多科学巨匠，托马斯·阿尔瓦·爱迪生就是其中之一。1999年，美国《生活》周刊评出过去1000年内最有影响力的100位人物，爱迪生位于第一名。

爱迪生小时候非常聪明，喜欢问各种稀奇古怪的问题。老师时常被这些问题难住，觉得他是一个“低能儿”。老师甚至对他的母亲说他是一个傻瓜，永远也不会有什么出息。母亲气不过，便让他退学，在家里自学。母亲不觉得爱迪生是“低能儿”，反而觉得他很聪明，还很有才华。

母亲时常让爱迪生自己动手做实验，还让他阅读各个方面的书籍。在母亲的良好教育下，爱迪生的天赋逐渐展现出来。他熟读了大量的书籍，包括莎士比亚、狄更斯的著作以及大量的历史书籍，而且过目不忘。

同时，爱迪生对化学产生了兴趣，在母亲的指导下，在家中建造一个小实验室。为了买实验药品和实验设备，他开始四处打工筹钱，后来找到了在火车上卖报纸的工作。他不辞辛苦地一边卖报，一边做卖水果、蔬菜的生意。因为每天奔波，他几乎没有时间做实验。为了利用空闲时间做实验，他恳求列车长把休息室作为实验室，列车长答应了。后来，他在火车上做起了实验，可实验终究有危险，有一次实验室的化学药品突然燃烧起来，差一点酿成大祸。列车长暴怒之下把他的实验设备都扔下火车，还狠狠地打了他几个耳光。

1862年8月，爱迪生勇敢地在火车铁轨上救了一个男孩，男孩的父亲是火车站站长。为了表示感谢，他主动教给爱迪生电报技术。在他的指导下，爱迪生学会了发电报，后来还成为铁路枢纽的电信报务员。不过，很快他就被解雇了。

1868年，他来到波士顿，发明了一台自动记录投票数的装置，获得了人生中第一项发明专利权。他认为这台装置肯定受国会欢迎，可以大大提高国会的工作效率。可是，他失望了，国会根本不需要这样的设备。自此之后，爱迪生便下定决心，一定要根据人们的需求来进行发明，绝不发明没有实际用处的东西。

1869年6月，爱迪生来到纽约谋生。应聘时，恰好碰到该公司的电报机坏了，他很快就修好了这台电报机。因此，爱迪生受到总经理的赏识，被聘用为总电报负责人。有了好的工作和优厚的待遇，爱迪生开始安心地发明、实验。

同年10月，他和朋友波普共同成立了“波普–爱迪生公司”，专门销售电气工程的科学仪器。其间，他发明了第一台印刷机，他想把印刷机的专利卖给华尔街一家公司。原本他想要5000美元，但又觉得价格太高了，便没有敢开口。他让那个经理报价，结果对方竟然给出4万美元的天价，这让爱迪生非常高兴。他利用这笔钱，建造了一家制造工厂，专门制造各种电气机械。

之后，爱迪生专心发明、研究，发明了蜡纸、油印机、二重与四重电报机、打字机等。同时，他遇到了勤劳、善良的女孩玛丽，两人很快就产生爱情并且结婚。其间，他还发明了同步发报机，并且把专利卖给西方联合公司，获得3万美元的专利费。

1876年春天，爱迪生迁居到新泽西州的门罗公园。他改进了贝尔的电话，使其得到广泛应用。他还发明了留声机，因为实现了扩展人类感官功能的技术革新，被称为“门罗公园的魔术师”。

同时，经过反复实验、无数次失败，他终于成功发明电灯。为了延长灯丝的使用寿命，他验证了大约6000种纤维材料，终于找到了最适合的发光体——日本竹丝。它提高了灯丝的燃烧寿命，可以持续燃烧1000多个小时。而这也是第一盏真正具有实用价值的电灯。之后，他又发明了新的供电系统，可以给远处的灯具配电，实现了供电的重大突破。

1883年，在实验电灯时，他又发现了爱迪生效应，并且申请了发现专利。虽然他没有进一步研究，但是这项发现推动了电子工业的发展，促进了无线电和电视的发明。

▲ 爱迪生画像

之后，爱迪生又根据眼睛的原理发明了电影摄影机。他使用赛璐珞胶片拍下一系列照片，然后把这些照片迅速地、连续地放映到幕布上，产生播放影片的效果。1889年，他第一次利用摄影机录制电影，并且在实验室播放成功。1903年，爱迪生公司摄制了故事片《列车抢劫》。可以说，他的发明为电影行业的形成和发展奠定了基础。

爱迪生为了生产和销售他发明的产品，成立了很多商业性公司。后来，这些公司因为失去竞争优势，发生了财政危机。1892年，在摩根的主导下，爱迪生的电灯公司和汤姆森·休斯顿的电气公司合并为通用电气公司，并发展至今。

之后，爱迪生开始从事采矿业，还发明制造了很多东西，包括矿石捣碎机、铁的磁离法、蓄电池、铁路信号装置、鱼雷机械装置、喷火器和水底潜望镜等。

爱迪生是一位伟大的发明家，他一生都在不断地探索、发明，共完成2000多项发明，其中申请专利1000多项。晚年，爱迪生身体不好，每况愈下，患有多种疾病。1931年10月18日，爱迪生安然去世，享年84岁。为了表示怀念和哀悼这位伟大的发明家，美国政府下令全国熄灯一分钟。

总之，爱迪生是美国著名的发明家、企业家，被誉为“发明大王”，对整个世界产生了深远影响。

宇宙开拓者——爱因斯坦

17世纪下半叶是牛顿的时代，而20世纪上半叶是爱因斯坦的时代。爱因斯坦是20世纪最伟大的物理学家，他提出了相对论，从而开创了物理学的新纪元，对于物理学的发展产生了非常重大的影响。

1879年3月14日，爱因斯坦出生于德国的一个犹太人家庭，少年时期研读了科学著作和哲学著作，自学了欧几里得的几何和微积分。17岁时，他就读于瑞士苏黎世联邦理工学院，后又进入苏黎世大学。他年纪轻轻就在莱比锡的《物理年鉴》上发表了科学论文《由毛细血管现象得到的推论》。

1905年，他获得物理学博士学位，发表了量子论，提出光量子假说，解决了光电效应问题。之后，发表论文《论动体的电动力学》，提出狭义相对论原理。这一学说开创了物理学的新纪元，在科学界引起巨大轰动。而这一年，被称为“爱因斯坦奇迹年”。

爱因斯坦是一位具有创造精神的科学家，也是一位名副其实的“叛逆者”。他从微观世界、高速运动的角度来研究自然，改变了人们的认识，实现了自然科学研究的巨大突破。提出了狭义相对论之后，他没有停止研究的步伐，而是继续攀登更高的科学高峰。

他提出一个设想：如果吊索断了，升降机迅速坠入深谷，那么里面的乘客有何感受？自此，他又提出了广义相对论，并成功地解释了水星近日点运动。这使得人们的视野更加扩大，可以看到更为

▲爱因斯坦

广阔的自然。之后，他继续研究，于1922年提出了统一场论。自此，他完善了相对论体系，希望使引力场和电磁场得以统一，给予物质结构统一的解释。

爱因斯坦是一位敢于钻研、勇于挑战的科学家，他希望自己能攻克科学上最难的问题。他知道，一个人能力有限，不能凭借一个人的力量完成统一场论。但是他坚持不懈地研究，希望能尝试更多条道路，为之后的科学家排除掉更多错误的方式。他认为发现一条走不通的道路，就是对于科学的巨大贡献。他曾说："这种吃力不讨好的工作，就由我来做吧！"

爱因斯坦把一生绝大部分时间和精力奉献给科学，孜孜不倦地从事科学研究。他曾说："我需要做的事情是毫不怜惜自己，攻克科学难题。我将持续研究，直到停止呼吸。"爱因斯坦是如此说的，